企业人才培养与现代人力资源管理

褚吉瑞 邵 曦 著

图书在版编目（CIP）数据

企业人才培养与现代人力资源管理 / 褚吉瑞，邵曦著. — 长春：吉林文史出版社，2021.5（2025.1重印）
ISBN 978-7-5472-7723-2

Ⅰ.①企… Ⅱ.①褚… ②邵… Ⅲ.①企业管理－人才培养－研究－中国②企业管理－人力资源管理－研究－中国 Ⅳ.①F279.23

中国版本图书馆 CIP 数据核字(2021)第 080645 号

企业人才培养与现代人力资源管理

作　　者	褚吉瑞，邵曦
出 版 人	张强
责任编辑	曲捷
出版发行	吉林文史出版社有限责任公司
地　　址	长春市福祉大路出版集团 A 座
网　　址	www.jlws.com.cn
印　　刷	北京市兴怀印刷厂
开　　本	710×1 000mm　　1/16
印　　张	12.5
字　　数	220 千字
版　　次	2022 年 1 月第 1 版
印　　次	2025 年 1 月第 2 次印刷
书　　号	ISBN 978-7-5472-7723-2
定　　价	59.80 元

版权所有　翻版必究

前　言

随着科技的进步与竞争的日益激烈,人的作用越来越为人们所重视,20世纪80年代以来出现的人本化管理已经成为现代管理的核心内容,于是顺应这一发展趋势诞生了人力资源管理。

在过去很长的一段时间里,我们对人力资源管理比较陌生,这与传统的计划经济管理体制有密切关系,因为国有企业和公共事业单位中的人员管理一直实行着集中统一的计划管理模式。随着市场经济的发展,非国有经济成分迅速地发展起来,但是在非国有经济发展的初始阶段,主要依靠的是市场开拓与资金的运用,企业中人员的差异并没有构成主要的决定因素。随着市场竞争越来越激烈,资金供给紧张的形势缓解,企业的成功与其员工队伍之间的关系就慢慢地得到人们的关注,人力资源管理变得日益重要。

在经济改革开放的初期,我们十分重视向西方国家学习市场经济理论。经济理论就是将现实抽象和简化,它经常假定生产能够在生产可能性边界上运行。这要求在企业中已经做到了人员在数量、结构和质量各方面与企业需要的相互配合,并且员工总是将自己最大的能力发挥出来。人力资源管理在实质上就是要寻找让这一理想的假设成为现实的方法。从传统经济学中生产函数来进行分析,产出决定于资本和劳动力两个基本的因素。在资本的约束不是关键问题的情况下,将哪些求职者选为本企业的员工,怎样对这些员工进行培训、激励和补偿,对企业的经营与发展有着重要的影响。

随着经济的发展和社会的变化,我国企业在迎来机制创新和发展的同时,也处于更趋激烈的竞争环境中。目前企业间的竞争已由产业技术含量和经管水平的竞争演变成了企业人才的竞争。本书结合时代背景从人力资源管理基本理论出发,对现代企业人力资源管理及人才培养问题进行了分析和研究,主要内容包括:企业人力资源管理及其现代化概论、现代企业人力资源规划管理、工作分析与设计实务、现代企业人力资源招聘实务、企业人力资源开发创新研究、员工绩效评估管理、员工薪酬与福利管理、企业人才开发与培养等内容。

  本书以传统的人事管理为基础，继承了前人的研究成果，并借鉴了国外一些先进的人力资源管理经验，对现代企业人力资源管理以及人才培养进行了深入的分析与研究，不仅内容全面翔实，且在诸多方面的研究有所创新。该书的出版定会为企业人力资源管理理论与实践的发展以及企业人才培养提供多方面的借鉴。由于时间和精力有限，本书当中难免存在疏漏和不足，希望广大读者指正。

作 者

目 录

第一章 企业人力资源管理及其现代化概论 1
第一节 企业人力资源管理概述 1
第二节 新时期人力资源管理面临的挑战及发展趋势 11
第三节 企业人力资源管理的现代化 20

第二章 现代企业人力资源规划管理 28
第一节 企业人力资源规划的步骤和内容研究 28
第二节 人力资源的需求预测 33
第三节 人力资源的供给预测 42
第四节 人力资源规划的制定和实施 48

第三章 工作分析与设计实务 51
第一节 工作分析的概念和作用 51
第二节 工作分析的过程与方法 57
第三节 工作岗位评价与工作分析面临的挑战 65
第四节 工作设计与再设计 71

第四章 现代企业人力资源招聘实务 79
第一节 企业人力资源招聘概述 79
第二节 人力资源招聘的新特点 87
第三节 内部招聘与外部招聘 90
第四节 企业人力资源的甄选与录用 95

第五章 企业人力资源开发创新研究 102
第一节 企业人力资源开发概述 102
第二节 员工能力开发 107
第三节 操作技能开发 110
第四节 职业兴趣开发 111
第五节 人力资源开发的新趋势 114

第六章　企业员工绩效评估管理 120

第一节　绩效评估与管理 120
第二节　绩效评估的标准与主要方法 126
第三节　绩效评估的系统设计与具体操作 134
第四节　企业绩效评估的创新 143

第七章　企业员工薪酬与福利管理 146

第一节　薪酬管理概述 146
第二节　职位薪酬体系设计 151
第三节　现代企业薪酬管理的新发展 156
第四节　员工福利管理 160

第八章　企业人才开发与培养 166

第一节　管理人员开发培养研究 166
第二节　骨干员工开培养发研究 176
第三节　新员工开发培养研究 184

参考文献 193

第一章 企业人力资源管理及其现代化概论

第一节 企业人力资源管理概述

一、人力资源

(一) 人力资源管理的概念

在经济学上，资源是为了创造物质财富而投入到生产活动中的一切要素。一般来讲，资源可以分为自然资源、资本资源、信息资源和人力资源。

其中人力资源指能够推动整个经济和社会发展的劳动者的能力，即处在劳动年龄的已直接投入建设或尚未投入建设的人口的能力。它是生产活动中最活跃的因素，也是一切资源中最重要的资源，由于该资源特殊的重要性，它被称为"第一资源"。

(二) 人力资源的构成

在数量方面人力资源是由8部分人口构成。具体划分如下：

（1）适龄就业人口：指处于劳动年龄之内、正在从事社会劳动的人口，这也是构成人力资源数量的主要部分。

（2）未成年就业人口：指尚未达到劳动年龄，但已经从事社会劳动的人口（法律禁止的除外）。

（3）老年就业人口：指已经超过劳动年龄，仍然继续从事社会劳动的人口。

（4）求业人口：指处于劳动年龄之内的、具有劳动能力并希望参加社会劳动的人口。

（5）就学人口：指处于劳动年龄之内的、正在从事学习的人口。

（6）家务劳动人口：指处于劳动年龄之内的、正在从事家务劳动的人口。

（7）军队服役人口：指处于劳动年龄之内的、正在军队服役的人口。

（8）处于劳动年龄之内的其他人口。

其中（1）~（3）三部分人口，构成社会就业的人口，即现实的人力资源；

企业人才培养与现代人力资源管理

其他为潜在的人力资源。

人力资源质量方面的构成包括人的心理、行为、学历、智力以及能力等方面。

（三）人力资源的特征

人力资源是经济资源的一个特殊的种类，既有质、量、时、空的属性，同时也具备自然的生理属性。研究人力资源的特点，对于把握它的数量、质量，对于研究它的形成、开发、配置、使用的意义是非常重大的。

1. 人力资源具有主观能动性

人不同于自然界的其他动物的根本标志之一是具有主观能动性，能够积极主动、有目的、有意识地认识世界和改造世界。在对客观世界进行改造的过程中，人能通过意识对所采取的行为、手段及结果进行分析、判断和预测。由于人具有社会意识和在社会生产过程中所处的主体地位，使得人力资源具有了能动作用。人力资源的能动性主要有三个方面的表现：①自我强化。通过接受教育或主动学习，使得自己的素质（如知识、技能、意志、体魄等）得到提高。②选择职业。在劳动力市场上具备择业的自主权利，即每个人均可按照自己的爱好与特长自由地选择职业。③积极劳动。人在劳动过程中，会产生敬业、爱业精神，能够积极主动地利用自己的知识和能力、思想与思维、意识与品格，有效地利用自然资源、资本资源和信息资源为社会和经济的发展创造性地工作。

另外，人力资源还是唯一能起到创造作用的因素。由于人具有创造性思维的潜能，这种潜能可在两个方面发挥作用：①人在社会和经济发展过程中往往能创造性地提出一些全新的方法，加速社会的进步和经济的发展；②环境的变化要求人是能适应的，担负起应变、进取、创新发展的任务，从而使组织更加充满活力。

2. 人力资源具有时效性

人力资源是存在于人的生命之中，是一种具有生命的资源，它的形成、开发和利用都要受到时间方面的限制。从个体角度来看，作为动物有机体的人，是有着自己生命周期的，如幼儿期、青壮年期、老年期，不同阶段的劳动能力是不相同的，因而这种资源在各个时期的可利用程度也不相同。从社会角度看人才的培

第一章 企业人力资源管理及其现代化概论

养和使用也有培训期、适用期、最佳使用期和淘汰期的过程，这是由于随着时间的推移，社会不断向前发展，科学技术也不断地进步，这使得人的知识和技能相对老化而产生的结果。因此，人力资源开发必须尊重其内在的规律，使得人力资源的形成、开发、配置和使用处于一种动态平衡之中。

3．人力资源具有两重性

人力资源既是投资的结果，同时又能创造财富，或者它是生产者也是消费者。人力资源的两重性，要求我们既要重视对人口数量的控制，更要重视对人力资源质量的开发和人才的培养。充分地利用和开发现有的人力资源，是降低人力资源成本，获取人力资源收益的基本途径。

4．人力资源具有可再生性

与物质资源一样，在使用过程中人力资源也会出现无形或有形的磨损。人自身的疲劳和衰老就是有形磨损，这一损耗是不可避免的、无法抗拒的。无形磨损是指个人的知识和技能与科学技术发展相比的相对老化，我们可以通过一定的方式与方法减少这种损耗。物质资源在形成产品、投入使用并磨损以后，一般予以折旧，不存在继续开发问题。在使用人力资源的过程中，有一个可持续开发，丰富再生的独特过程，使用过程也是开发过程。人在工作以后，可以通过不断的学习使自己的知识得以更新，提高自己的技能；而且通过工作，可以积累经验，充实提高。所以，人力资源能够实现自我补偿，自我更新，自我丰富，持续开发。这就要求人力资源的开发与管理要注重终生教育，对后期的培训与开发需要加强，要不断提高道德水平。

5．人力资源具有社会性

由于每一个民族（团体）都有其自身的文化特征，每一种文化都是一个民族（团体）的共同的价值取向，但是这种文化特征是通过人这个载体而表现出来的，由于每个人受自身民族文化和社会环境影响各不相同，其个人的价值观也就存在着差异，他们在生产经营活动、人与人交往等的社会性活动中，其行为可能与民族（团体）文化所倡导的行为准则发生矛盾，可能与他人的行为准则发生矛盾，这就要求人力资源管理注重团队的建设，注重人与人、人与群体、人与社会的关系及利益的协调与整合，倡导团队精神和民族精神。

二、人力资源管理

（一）人力资源管理的概念

人力资源管理，是指对人力资源的生产、开发、配置、使用等诸环节所进行的计划、组织、指挥和控制的管理活动。它是研究组织中人与人关系的调整，人与事的配合，以充分开发人力资源潜能，调动人的积极性，提高工作效率，改进工作质量，实现组织目标的理论、方法、工具和技术。一个人力资源管理部门，要对所获得的人力资源进行整合、调控及开发，并给予他们报酬进而有效地开发和利用。

人力资源管理是实现组织目标的一种手段。在管理领域中，人力资源是以人的价值观为中心，为处理人与工作、人与人、人与组织的互动关系而采取的一系列的开发和管理活动。人力资源管理的结果，就组织而言是组织的生产率的提高和组织竞争力的增加；就员工而言则是工作生活质量的提高与工作满意度的增加。生产率的提高反映了产出的商品或提供的服务与投入的人力、财力、物力的关系，工作生活质量则反映员工在工作中所产生的生理和心理健康的感觉。

（二）人力资源管理的特点

1. 普遍性

人是社会的人，人类社会要生存发展就要处理好人、事、组织之间的关系，就需要人力资源管理。可以说，人力资源管理是伴随着人类社会的发展而发展的，由此也决定了人力资源管理的普遍性。

2. 适应性

经济基础决定上层建筑，上层建筑反映经济基础，并为其服务。作为上层建筑的人力资源管理制度正是在适应生产力不断发展的过程中不断完善的，它与当前的生产力和经济基础是相适应的。所以人力资源管理也就具有适应性。

3. 综合性

社会是复杂的，人和事也是多种多样的，随着客观情况的变化而不断变化，这就决定了进行人力资源管理时要考虑经济、文化、政治、组织、心理、民族等各方面的因素。人力资源管理是一门相当复杂的综合性科学。

4．民族性

人是有思想的，人又是社会的人，人的思想感情影响着人的行为，而民族文化传统又制约着人的思想感情。人力资源管理以人为重点，理所当然带有鲜明的民族特色。

5．全面性

人力资源管理不仅以人力资源作为自己的管理对象，而且是将全体有关人员都纳入自己的管理范围中来。因为人力资源的概念是动态的、相对的，所以在实施人力资源管理中应该尽量避免人才的概念，非人才群体也是人力资源管理的对象。

（三）人力资源管理的意义

人是人类社会政治、经济、文化等诸多方面最为重要的因素。因此，在人类所拥有的一切资源中，最宝贵的是人力资源。实践证明，重视并加强人力资源管理，对于促进社会和组织发展，提高劳动生产率，获取最大的社会和经济效益的意义是非常重大的。

1．有利于充分发挥员工的积极性、创造性

人既是经济人同时还是社会人。因此，任何组织的员工既受组织自身的影响又受到社会的影响。有调查发现：按时计酬的员工每天只要发挥自己 20%～30% 的能力，就足以保住个人的饭碗。组织通过重视和加强人力资源管理，为劳动者创造并提供适宜的工作环境和工作制度，妥善处理物质奖励、行为激励和思想教育工作之间的关系，可以将员工的潜力充分挖掘出来，将员工的积极性、主动性和创造性最大限度地发挥出来。

2．有利于促进组织和社会的发展

企业组织通过人力资源管理，可以使得各生产要素之间不论在质的方面，还是量的方面，不断地得以协调，达到资源的最佳配置，不仅可以使正常的生产经营秩序得以保持，保证人力资源管理活动的各环节互相协调，相互衔接，保证人力资源管理活动与企业的战略方向和目标一致；而且由此保证了组织和社会发展目标的实现。

3. 有利于管理者及被管理者的共同发展

通过对人力资源进行管理，使组织的每一员工能够对自身有一个正确的认识，更加尊重别人，创造更加和谐的关系，同时通过人力资源培训教育与开发，使得员工的理论知识和各种技能不断提高，使员工对组织和社会的适应能力不断增强。

三、人力资源管理的内容

人力资源管理，与其他管理职能一样，它服务于企业总体战略目标，是一系列管理环节的综合体。而人力资源管理的主要环节或主要业务内容有：

（一）人力资源规划

人力资源规划是指企业为适应内外环境的变化，以企业总体发展战略为依据，并对员工的期望充分考虑，而制定的企业人力资源开发与管理的纲领性长远规划。人力资源规划是企业人力资源开发与管理活动的重要指南，是企业发展战略的重要组成部分，也保证了企业的发展战略有效实施。

（二）职务分析与评价

职务分析就是对企业所有工作岗位的特征和任职要求进行界定和说明。具体来讲，职务分析是对组织中某个特定工作职务的目的、任务、职责、权利、岗位隶属关系、工作条件、任职资格等相关信息进行收集与分析，以便对该职务的工作进行明确的规定，并确定完成该工作所要求的行为、条件、人员的过程。职务分析的结果是形成每一工作岗位的职位描述、任职资格要求、岗位业务规范；职务评价是对企业各工作岗位的相对价值进行的评估和判断。具体来说，职务评价就是找出企业内各种职务的共同付酬因素（如岗位职责、任职资格要求、工作困难程度、工作环境的艰苦程度、岗位供求关系等），根据一定的评价方法来确定不同工作岗位的价值。职务评价的结果是形成企业不同工作岗位的工资体系。职务分析与评价就像产品的说明书和产品标价，产品说明书和产品标价能够使消费者明明白白地消费，而职务分析和评价能使员工明明白白地工作、清清楚楚地拿钱，所以，职务分析与评价是企业人力资源管理的基础业务。

（三）招聘、培训、绩效考核、薪酬管理

招聘是人力资源核心业务的首要环节，它是企业不断从组织外部吸纳人力资源的过程，能保证组织源源不断的人力资源需求；培训是企业人力资源开发的重要手段，它包括对员工的知识、技能、心理素质等各方面的培训，是企业提升员工素质的重要保障；绩效考核是指运用科学的方法和标准对员工完成工作的数量、质量、效率及员工行为模式等方面情况进行综合评价，从而确定相应的薪酬激励、人事晋升激励或者岗位调整，绩效考核是实施员工激励的重要基础；薪酬管理是企业人力资源管理的一个极为重要的方面，它主要包括薪酬制度与结构的设计、员工薪酬的计算与水平调整、薪酬支付等内容，是企业对员工实施物质激励的重要手段。

（四）人力资源管理的其他工作

人力资源管理的其他工作主要有人事档案管理、员工合同管理、员工职业生涯管理、退休员工管理、员工健康与安全管理、劳动关系管理等等。

四、人力资源管理的基本职能

具体来说，人力资源管理的基本职能包括以下几个方面：

（一）人力资源规划

系统分析和确定组织人力资源需求的过程就是人力资源规划，以确保在组织需要时能获得一定数量的可以满足岗位要求的员工。在制定人力资源规划时，进行职务分析是首先要做的，以确定每一个工作岗位的职责、任务、所需的知识技能和能力。人力资源规划和职务分析为人力资源招聘和选拔提供了依据。

（二）员工招聘和选拔

随着竞争不断加剧，组织发展和赢得竞争优势的基础是拥有足够数量的可以满足组织要求的人力资源。在战略型人力资源管理中，员工招聘和选拔的理念与以往相比发生了变化。发现人才、吸引人才、构建组织潜在新员工供给来源、选拔最适合组织的人才成为招聘选拔工作的重要任务。

（三）人力资源开发

在人力资源管理中人力资源开发是具有战略性意义的工作。任何一个组织都处在一个不断变化之中，为保证组织获得并保持竞争力，就必须不断地对人力资源进行开发，使人力资源不断增值。人力资源开发包括员工职业生涯计划、员工发展、业绩评估等工作，它应该贯穿于员工职业生涯始终，并且与组织目标紧密联系在一起。

（四）员工薪酬管理

薪酬和福利是对员工工作付出的合理回报。组织吸引人才的一个重要方面就是拥有一套具有竞争力的薪酬福利体系，同时这也是激励员工的重要手段。完整的薪酬体系应包括两个方面，即货币薪酬和非货币薪酬。

（五）公司文化和领导艺术

现代人力资源管理强调"以人为本"的管理理念，管理过程的人性化受到注重。将建设公司文化纳入人力资源管理的范畴内，其目的就在于通过公司文化树立组织的价值观，使组织成员的行为得到规范；"以人为本"的管理理念也使得领导艺术成为现代人力资源管理的重要内容。

（六）劳动关系与劳动法律

人力资源管理涉及劳动关系的诸多方面，如劳动用工、劳动时间、劳动报酬、劳动保护、劳动争议等方面。随着有关法律的不断健全，人力资源部门在处理有关劳动关系的事宜时必须按照法律的程序执行。

人力资源管理的各个职能之间联系紧密，并且相互影响。职务分析和人力资源规划是人员招聘和选拔的依据，也是业绩评估和员工培训的依据和标准；有效的招聘可以减少员工的培训，将工作水平提高；具有竞争力的薪酬有助于吸引人才，也有助于激励员工。

传统的人力资源管理称之为人事管理，其主要工作内容是招聘、培训、工资发放、档案管理等，承担着单纯的行政事务性职能。而现代人力资源管理摆脱了单纯的行政事务工作，从人力资源管理的全方位支持组织战略目标的实现。

传统的人事管理从事的是简单重复性工作，面对的问题是常规的，通常可以用标准化的解决方案来处理。现代人力资源管理面临的问题是组织不断变化带来的新工作要求，人力资源专员从事的是动态的、非常规性的工作，没有标准的解决方案，所处理的每一项业务都需要专业知识与技术，如薪酬方案设计、选择招聘工具、促进员工发展等。如今，越来越多的组织将事务性工作委托给专门的人事服务机构，而将更多精力放在制定人事战略、开发人事工具、为员工及业务部门提供人事咨询等职能上。

五、人力资源管理内容的转变

对企业中人力资源管理的重视，要求人事管理向人力资源管理的转变，即从单纯的认识观点转向人事—经营的观点，从事务导向转向战略导向，从强调控制转向重视开发，从封闭管理转向开放式管理。

（一）从单纯人事观点转向人事—经营观点

人事管理建立的人事控制体系把人的因素与经营活动分割开来。人力资源管理则强调经营需要的重要性，建立综合考虑人的问题与经营问题的机制。简单讲，人事管理是用单纯的人事观点解决人事问题，把人事问题仅仅看作是人的问题，不会把它和企业的经营活动联系起来。事实上，许多人事问题的背后隐藏着经营问题，是经营问题造成的，经营问题不解决，人事问题不可能解决；反之亦然，许多问题从表面上看是生产问题，或销售问题，或财务问题，实际上是人的问题，人的问题不首先解决，其他问题不可能解决，或不可能从根本上解决。人事工作与其他经营活动是相互影响的。人力资源管理要求把人的因素与企业经营的因素结合起来解决人事问题，在更大程度上与企业决策相联系。

（二）从事务导向转向战略导向

传统的人事管理大多属于行政事务性工作。例如，与求职者面谈，向新职工介绍企业情况，组织职工参加培训，办理人员入职、离职手续，编制工资表并按时发放工资，保管人事档案资料等。人力资源管理并不排除日常的人事行政工作，与人的管理有关的各项日常工作必须有效地和恰当地予以完成，但又不能限于这些日常工作。随着经营环境的变化，人力资源管理还要承担起战略职能，如制定人力资源规划，分析劳动力变化趋势，协助企业进行改组和裁员，跟踪国家政策与法律法规的变化等。在这两种职能中，人力资源管理更多地强调战略职能，强调如何使人力资源为实现企业目标做出更大贡献。

（三）从强调控制转向重视开发

传统的人事管理观念强调控制，将职工看作是被管理、被控制的对象，将人事制度看作是进行控制的工具，制定许多的规章制度要求职工遵守，如实行考勤制度、考绩制度，对违纪违规的职工给予扣发奖金、罚款等严厉惩罚。传统的人事管理事实上是把人单纯地看作成本，支出越少越好，减少支出就要加强控制，很少考虑对人进行投资从而获得更大的回报。此外，传统的人事管理缺乏激励机制。人力资源管理则将人视为一种在生产过程中起能动作用的特殊的经济资源，认为在经济发展主要依靠知识的新经济时代，作为知识载体的人在经济发展中具有特殊地位和作用。因此，人力资源管理要求将职工视为企业非常珍贵的资源与财富，与资金、技术和其他投入要素具有同等的重要性，只要对人力资源加以开发和有效的管理，就能使之成为提高企业竞争力的重要推动力。

（四）从封闭式管理转向开放式管理

传统的人事管理将企业看作是不受外部环境影响的封闭的系统，这种观念显然不能适应市场经济的要求，也不符合今天的实际情况。人力资源管理将企业看作开放的系统，人力资源管理工作不仅受企业生产、销售、财务、经营战略等内部环境的影响，还受经济、技术、社会文化、政治法律、市场竞争等外部环境的影响。因此，人力资源管理对环境变化的反应能力和适应性变得非常重要。

人事管理向人力资源管理转变是管理观念的根本性变革。如前所述，人力资源管理信奉并遵守以人为本的管理观念，强调人的价值，尊重人，信任人，认为人人都有自我发展、自我实现的追求。

第二节　新时期人力资源管理面临的挑战及发展趋势

一、新时期人力资源管理面临的挑战

人力资源管理的一个基本的假定是：不同的人事管理决策导致不同的结果。其原因是经理人员的人事决策不仅影响经理人员本身的成败，也影响着员工的行为、绩效和满意程度，从而影响员工对客户的态度，影响他们的公平感，最终影响到整个组织的绩效。而管理人员的人力资源管理决策所依赖的客观环境和主观条件都在不断变化，这对今后人力资源管理理论和实践的发展都构成重要的约束。在制定人力资源管理决策时，必须考虑到组织的特征、工作的特性，以及组织的内外部环境。其中，外部环境包括经济、政治、社会文化、法制等多方面因素，而有关人力资源管理决策的组织层面的因素则包括组织的规模、行业、地理位置以及研究开发在组织中所处的地位等。与人力资源管理有关的组织特征包括组织的财务状况、组织所应用的技术、经营战略和组织结构的设计。所有这些因素对组织中工作的特性以及人力资源管理都具有重要的影响。

（一）组织的发展战略与人力资源管理

一个组织的战略要为组织设定长期目标，研究诸如进入什么行业；以及如何与对手开展竞争等问题。组织的战略把决策与方向结合在一起以实现特定的目标。组织在各个层次上都会涉及战略问题。最基本的战略问题是整个组织层次的，如决定组织应该进入什么行业。同时，企业中的每个经营单位（如利润中心）都要涉及部门层次的战略问题。这一层次的战略决策重点考虑如何在特定的市场上开展竞争。一个公司有财务部门、市场部门、人力资源管理部门等职能部门。这些具体部门的战略的基本目标是更好地服务于整个组织和所在部门目标的达成。在这一层次上，战略应该转化为可以操作的目标。以人力资源管理部门的战略为例，它包括以下三个主要任务：第一，确保组织的人力资源与公司的经营战略相互配合；第二，建立人力资源的目标与计划；第三，与各个部门的经理人员合作，确

企业人才培养与现代人力资源管理

保人力资源计划的贯彻执行。

目前，美国学者特别强调所谓的战略人力资源管理。战略人力资源管理的基本假定是适应组织条件的人力资源管理决策对组织绩效具有积极的影响。换言之，人力资源的战略决策有助于帮助经理人员制定人事决策，从而促进组织的成功。具体而言，组织的外部条件、组织本身的条件和员工的特征相互配合，在此基础上制定出关键的人力资源管理决策，从而促进组织绩效。组织绩效表现在实现组织战略目标、改善组织财务状况、增加企业股票的市场价值和改进员工的表现等。

（二）财务状况、技术与人力资源管理决策环境

从企业的财务状况来看，如果企业没有足够的收益，就无法向员工支付报酬、无法进行培训项目，也无法资助下岗员工寻找新的工作。在组织的人力资源管理活动中，尤其是雇用多少员工、支付多高的报酬以及是否对其进行培训等活动占支出的很大比例。因此，企业在制定这些决策时必须考虑自身的财务状况。在法制比较健全的情况下，人力资源管理甚至还要涉及企业在什么财务状况下才可以暂时解雇员工。当然，利润分享计划允许员工报酬随着公司财务状况的变化而变化，因此具有一定的弹性。

企业的技术是指组织在提供产品和服务的过程中所使用的程序和工艺。技术的进步把人们从危险、繁重和枯燥的体力劳动中解放出来。特别是技术的进步使得采用这些新技术的小企业有能力与大规模的发展缓慢的企业进行竞争。由于新技术而出现的新的工作岗位确实比现有工作岗位要求更高的技能水平，因此各个企业都需要使自己的员工在技能上具有足够的灵活性以适应这种不断变化的技术发展。员工在工作设计中参与决策有助于提高员工对不断变化的技术要求的适应性。一般地，技术可以分为大规模生产技术和灵活分工技术。大规模生产采用专用技术生产标准化的产品，因此只需要一般技术的员工。在灵活分工的情况下，工作任务比较复杂，对员工的技术水平要求比较高。任务通常分配给工作小组而不是员工个人，员工以工作小组的形式组织起来。即使生产相同的产品，也可以采用不同的技术水平。运用灵活分工的技术可以减少员工工作种类的划分，增加企业对环境变化的适应性。

第一章　企业人力资源管理及其现代化概论

（三）人力资源决策与组织结构的相互配合

一般而言，人力资源决策应该与组织的结构相互适应。组织的结构是组织条件的一个重要方面，对人力资源管理决策具有重要的影响。在传统的金字塔式组织结构中，强调的是命令与控制。在这种情况下，员工的任务被清晰地描述出来，因此组织对员工的期望是明确的；员工的晋升路线是清晰的垂直晋升，晋升意味着责任的增大、地位的提高和更高的报酬；人力资源管理的全部信息都集中在组织的最高管理层。相比之下，在扁平式组织结构中，强调对员工的授权，并把被授权的员工组织成工作小组；组织鼓励员工扩大自己的工作内容，提高员工的通用性和灵活性；培训系统和报酬系统都支持水平的晋升。在网络化组织中，多个公司根据各自员工的专长组成各种工作小组，完成特定的任务；这种工作小组通常包括各个方面的专家；在网络化组织中，一般更加强调员工的参与管理，重新构造组织的边界。从趋势上看，人力资源管理将更加强调员工个人与工作小组在员工前程和就业安全中的责任，工作小组的绩效将成为关注的核心。

随着组织结构的变化，经理人员的作用也在发生变化。在金字塔式的组织结构中，经理人员的主要作用是指挥员工、最大化员工的努力、实施和贯彻上级推动的变革、简洁明了的沟通信息。在扁平化组织中，经理人员的作用是促使员工积极参与、在各个工作小组之间进行协调、为工作小组向上级争取各种资源、同工作小组成员进行互动式沟通。在网络化组织中，经理人员的作用是发展合作伙伴、帮助多元化工作小组积极合作以实现公司全局的目标、促进持续的技术创新以不断满足客户的需要、判断不断完善工作方式的需要。

（四）员工对工作生活质量的要求

工作生活质量一般有两种含义，一是指一系列客观的组织条件及其实践，包括工作的多样化、工作的民主性和工人参与管理的程度，以及工作的安全性。二是指员工工作后产生的安全感、满意程度以及自身的成就感和发展感。第一种含义比较强调描述工作的客观状态，第二种含义比较强调描述员工的主观需要。如果把这两种含义结合在一起，我们可以对员工的生活质量进行描述和概括，具体来说工作生活质量就是指员工喜欢他们所在的组织，同时组织也具备能够满足员工自我成就需要的工作方式。换言之，工作生活质量是指在工作中员工所产生的心理和生理健康的感觉。美国的一项调查表明，在辞职的打字录入人员中，有60%是由于工作枯燥无聊，而不是工作任务繁重。

影响工作生活质量的因素有很多。美国研究所的研究显示，衡量员工工作生活质量的因素包括：劳动报酬（77%的工人认为最重要）、雇员福利（主要指医疗保健和退休保险问题等）、工作的安全性、灵活的工作时间、工作的紧张程度、参与有关决策的程度、工作的民主性、利润分享、公司改善雇员福利的计划和一周4天工作制等。在美国，劳资谈判对决定工作生活质量的内容具有重要的作用。在美国至少有40%以上的劳资协议包括了提高工作生活质量的计划。企业管理部门接受工作生活质量要求的目的是减少员工的抱怨和争吵，促进员工的积极性，提高产品质量和降低缺勤率，从而获得效益。

美国通用汽车公司的工作生活质量计划很有代表意义。为了消除员工阶层与管理阶层合作的障碍，他们采取了一系列措施。其中在着装要求上，普通员工和管理人员都穿着工作便装，不系领带。在停车问题上，通用汽车公司关闭了管理人员的车库，不实行管理人员的保留车位制度，普通员工与管理人员使用相同的停车场。在饮食服务设施上，也没有普通员工和管理人员的区别，使用同一个餐厅，不设单间。此外，休息室也没有普通员工和管理人员的区别。通用汽车公司在质量检验环节也做了很大的改进。他们认识到高质量的产品不是检验出来的，而是由各个生产环节的员工生产出来的。因此，他们改变了原来那种检验最终产品的做法，而是将产品质量的检验落实到每一道工序和每一位员工。具体做法是使用一张品质检验单伴随生产的全过程。在产品生产的每一个环节，员工都要在上面填写本道工序的要求是否已经正确地完成，还有哪些问题需要下道工序在加工时注意。这种质检方法提高了员工的参与程度，增强了员工的责任心，使员工能够更直接地感受到自己工作的成果和意义。

为了提高员工的工作生活质量，企业可以采取一系列的措施。工作生活质量的核心是员工参与管理。员工参与管理本身意味着组织中权力的再分配，因此它

第一章　企业人力资源管理及其现代化概论

要求经理人员把下属看做成熟的个人。它对于原来的主管人员的工作既是一种补充，也是一种挑战。日本式的企业管理是以高度的参与和认同为基础的管理。日本的工人在企业中感到自己受到尊重，被企业关心，同时他们也忠心耿耿地为企业的最大利益而努力工作。从美国的实践看，工人参与企业管理的形式主要有以下五种：

（1）建立质量控制小组以及解决各种问题的小组。工作小组的形式有很多，每个小组一般由本部门的 4~10 名雇员组成，主要解决浪费、设备损坏和维护、工作设施和配合等问题。

（2）劳资双方合作。组成劳资委员会，以使劳资双方求大同存小异，防止矛盾发生或升级。在美国，劳资合作是提高员工工作生活质量的制度基础。

（3）参与工作设计和新工厂设计。参与式工作设计对那些工作任务具有高度的独立性，同时雇员具有强烈的个人成长发展要求的小组特别有效。这些小组对工作的计划、操作和质量控制负责。

（4）实现收益分享和利润分享。这种参与方式在工人的行为对决定经济效益的因素（工时、材料损耗等）具有很大影响的情况下非常有效。收益分享计划的含义是指建立以时间—动作研究为基础的生产标准，对于生产率提高获得的收益部分由公司和雇员共同分享。

（5）实行企业的雇员所有制。这种参与方式通常是在企业处于危险的情况下才实施的。雇员通过购买公司股票而部分地或全部地获得业主权比较适合于规模比较小的企业。现有的实践结果表明，通过工作奖励制度来提高生产率和通过工作内容的改革来增加工人的责任心和自觉性是最有效地参与形式。

（五）人力资源管理观念的演变

人力资源管理观念是指一个人对人的行为的基本假定以及据此采取的人事管理行动。这些假定包括：他们值得信任吗？他们喜欢工作吗？他们有创造力吗？他们的言行为什么会不一致？应该怎样对待他们？等等。人力资源管理的观念直接影响到各项人事管理决策。一个企业的人力资源管理观念取决于以下几个决定因素：

企业人才培养与现代人力资源管理

1. 企业高层管理当局的哲学观

美国拍立得（Polaroid）公司的首席行政官埃德温·兰德（Edwin Land）的管理哲学是："让公司所有的员工都有竭尽才智的机会，能表达其意见，能在其能力许可之下共享公司的繁荣，能赚足够的钱，使他不至于把赚更多的钱这件事一直放在心头。总而言之，让他们的工作得到充分的报酬，而且使工作成为他们生活中重要的组成部分。"韩国三星集团的李健熙会长的管理哲学是"三星不是我的公司，是我们的公司"。正是在这种积极健康的管理哲学的驱使下，这些公司才能制定和实行了既有利于员工成长也有利于公司发展的人力资源管理决策。

2. 关于人性的基本假定

在管理思想史上，已经提出了多种关于人性的假定。麦格雷戈（D. McGregor）提出了 X 理论和 Y 理论。X 理论的基本假定是：人们普遍不喜欢工作，尽可能逃避；由于人的本性不喜欢工作，所以必须用强迫、控制、指挥和惩罚等手段才能使人付出努力；一般而言，人宁可接受指挥，而不愿承担责任。Y 理论的基本假定是：一般而言，人的本质不是不喜欢工作；要使人们努力工作来完成组织的目标，高压控制与威胁惩罚并不是唯一的手段；成就感、自尊和自我实现等较高层次的需要可以激发人们的积极性；在适当的条件下，大多数人不仅会承担责任，而且会更进一步主动承担责任；多数人都能发挥出相当水平的想象力、聪明才智和创造力，来解决组织中的各种问题。

3. 激励员工的需要

经理人是通过别人来实现组织目标的，因此，只有设法激励员工努力工作，才能成为有效的管理者。激励机制包含两个要素：第一，发现他需要什么，然后用这个事物作为员工完成工作的报酬；第二，确定他的能力是否可能完成这项工作。换言之，欲望和能力是实现激励功能的两个要素。激励模式对企业的人力资源管理政策的制定有很大的指导意义。在激励员工的过程中，最重要的问题是：员工的工作积极性是否很高？如果不是很高，那么可以有以下几种选择：第一，提高员工的能力，方法是进行工作分析、选拔、训练和发展；第二，满足员工的欲望，方法是采用激励原理，执行薪酬计划，对员工提供奖励、福利和服务；第三，进行绩效评估，发现问题并寻找修正措施。

二、人力资源管理的发展趋势

（一）科学的考评和合理的价值分配成为激发员工创造性的关键

作为智力资本的所有者，知识型员工除了要获得工资性收入外，还要求与货币资本的所有者共享企业的价值创造成果。报酬不再是一种生理层面的需求，而是一种成就欲望层面的需求，是个人价值与社会身份的象征。知识型员工内在的需求模式的混合交替性加剧了薪酬体系的设计难度，为了开发员工的潜质，企业必须"按知分配"，提供涵盖组织权利（包括股权、职权、机会等）和经济利益（包括工资、奖金、红利、福利等）的多元价值分配形式。

（二）工作设计与职业生涯管理成为人力资源开发的永恒主题

知识型员工的工作积极性主要来自与工作本身相关的因素，追求更高层次的需要成为驱使行为的动力。管理者在进行工作设计时，必须充分考虑员工潜在的多元化需要，用角色定位的说明书代替传统的工作说明书，对人力资源进行分层、分类管理，根据层次、类别的不同制定不同的任职资格、行为标准和工作规范，做好企业价值要求与员工成就意愿的协调工作，加强人才的风险管理，通过信息、网络组建虚拟工作团队或项目团队。在人力资源规划过程中，不仅要设计和改进职业阶梯，为员工提供更多的职业发展机会，使其明确长期目标，树立为企业发展而奋斗不息的信念；而且应通过教育、培训等方式积极鼓励、引导员工进行个人职业生涯设计，帮助员工实现岗位的水平轮换和垂直升迁，使员工在流动中重新认识自我，以便最大限度地开发其潜能。

（三）新世纪是人才主权的时代，人力资源管理的重心是知识型员工

人才主权是指人才具有更多的就业选择权与工作的自主决定权，而不是被动地适应企业或工作的要求。企业要尊重人才的选择权和工作的自主权，并站在人才内在需求的角度，为人才提供人力资源服务，以赢得人才的满意与忠诚。人才主权时代的动因主要有三个方面：首先，知识与职业经理人成为企业价值创造的主导要素，企业必须承认知识创新者和职业企业家的贡献与价值，资本单方面参

与利润分享的历史已经结束，知识创新者和职业经理人具有对利润的索取权。这就彻底改变了资本所有者和知识所有者之间的博弈关系，利润的索取权力是人才主权的基础和理论依据。

其次，21世纪，社会对知识和智力资本的需求比以往任何一个时代都更为强烈，导致知识创新者和职业企业家等人才短缺的现象加剧。这就一方面使资本疯狂地追逐人才，另一方面，人才揣着能力的选票来选企业，具有更多的工作选择权。人才通过引入风险资本，即用知识雇佣资本，通过知识转化为资本的方式，来实现知识的资本化。

最后，世界经济的一体化，使人才竞争国际化。我国加入WTO后，受到冲击最大的不是我们的产品市场，而是人才市场，尤其是企业家人才和热门技术人才的竞争日益白热化。这就使人才流动的范围拓宽，人才职业选择权加大。人才主权时代使得那些能够吸纳、留住、开发、激励一流人才的企业成为市场竞争的真正赢家，同时，也有可能给企业带来短时间的负面效应：一方面，企业一味通过高薪留住、吸纳人才，造成热门人才的价值与价格背离，出现人才泡沫；另一方面，人才流动成为人才价值增值与价值实现的一种途径，使人才跳槽频繁，人才流动风险增大。

（四）人力资源管理与企业战略规划的一体化

现代企业经营战略的实质，就是在特定的环境下，为实现预定的目标而有效运用包括人力资源在内的各种资源的策略。通过有效的人力资源管理，将促进员工积极参与企业经营目标和战略，并把它与个人目标结合起来，达到企业与员工"双赢"的状态。因此，人力资源管理将成为企业战略规划及战略管理不可分割的组成部分，而不再只是战略规划的执行过程，人力资源管理的战略性更加明显。

知识经济时代，企业想要获得或保持竞争优势的话，战略规划和人力资源对其发展和前途都是最重要的，而且这两者必须紧密结合起来，因为战略规划的各个要素都包含人力资源因素，都必须获得人力资源的支持才能实现。这种变化趋势对人力资源管理来说也同样具有重要意义。因为人力资源规划是衡量和评价人力资源对企业效益贡献的基础，如果不真正清楚企业的战略目标，不将人力资源发展与企业战略目标紧密结合起来，人力资源规划就会变得毫无意义。因此，人力资源管理与企业战略规划的一体化，从根本上提供了人力资源以及人力资源管理对企业做出贡献的机会。

（五）人力资源管理者的角色将重新界定

为适应人力资源管理部门的角色转变，企业人力资源管理者的角色将重新界定，主要表现在以下三方面：

1．经营决策者角色

传统观点认为，人力资源管理部门是一个无足轻重的行政管理部门，同企业经营没有直接关系，只需负责企业人员的招聘、培训、工资等日常管理活动。21世纪，随着市场竞争的日趋激烈，人力资源管理在企业管理与运营中的地位越来越突出，人力资源管理者不再仅仅局限于人事工作方面，而是更多地参与企业经营活动中，成为一个经营决策者。他们一方面要关注企业经营的长远发展，另一方面也要帮助直线经理和员工进行日常管理活动。

2．CEO 职位的主要竞争者

随着企业对人力资源管理的日益重视和人力资源在现实生活中的重要作用，人力资源管理者在企业中的地位不断上升。CEO 职位的候选人从最初的营销人员、财务人员逐步扩展到人力资源管理人员，越来越多的高层人力资源主管会问鼎 CEO 职位，越来越多的人力资源主管会进入企业董事会。

3．直线经理的支持者和服务者

21 世纪，人力资源管理将成为各级管理人员的共同职责，而不再只是人力资源管理部门的任务。对于其他部门的经理，人力资源管理部门应给予培训，推广企业的人力资源管理理念和方法，使各层主管成为内行。同时，企业要把人力资源管理工作的各项指标作为直线经理绩效考评的主要内容。企业各层主管应该主动与人力资源管理部门沟通，共同实现企业目标，而不仅仅在需要招工或辞退员工时，才想到人力资源管理部门。人力资源管理者要与各级管理人员建立伙伴关系，成为他们的支持者和服务者。

(六)人力资源管理的全球化、信息化

经济和组织的全球化，必然要求人力资源管理策略的全球化。第一，人才流动国际化、无国界。经济全球化时代，企业要以更广阔的视野来招聘和选拔人才，以更国际化的视野看待人才的流动。第二，人才市场竞争的国际化。国际化的人才交流市场与人才交流将出现，并成为一种主要形式。人才的价值（价格）就不仅仅是在一个区域市场内来体现，人们将更加频繁地按照国际市场的要求来看待人才价值。第三，跨文化的人力资源管理成为重要内容。不同文化背景的人在一起，就构成了跨文化的环境。在跨文化背景下对不同层面的多样化的人力资源进行有效管理，是人力资源管理的重要任务。第四，人才网成为重要的人才市场形势。要通过利用网络优势来加速人才的交流与流动，并为客户提供人力资源的信息增值服务。第五，人才流动的速率越来越快，流动交易成本与流动风险逐步增加，人才不断流向高风险、高回报的知识创新型企业。面对这种情况，企业应由筑坝防止人才跳槽流动转向修整渠道，即在企业内部创造良好的人力资源环境，对流水进行管理，控制好河水的流量和流速。

第三节 企业人力资源管理的现代化

一、企业人力资源管理现代化的含义

人力资源管理作为企业管理的重要职能，在企业管理中具有核心地位。根据对企业管理外部环境的综合分析，对人力资源管理现代化的界定如下：企业人力资源管理现代化是在人本思想的指导下，运用现代化的观念、手段和方法进行管理决策和实践活动以影响组织员工的行为、态度和绩效。企业人力资源管理现代化具有动态性和系统性的特点，在不同的阶段其现代化的标准是不同的。人力资源管理现代化的标准应能反映企业人力资源管理发展的方向，现代化的思想、手段和方法应受到实践的充分检验，对实践本身具有指导意义。

二、企业人力资源管理现代化的表现

社会背景的深刻变化必然促使企业人力资源管理的变革。其现代化主要表现

第一章　企业人力资源管理及其现代化概论

在以下几个方面。

（一）人力资源管理的信息化

信息化管理是指在企业中利用现代化的信息设备，实现企业经营管理信息的生产、存储、处理、共享以及决策的规模化过程。在信息时代，以计算机技术和通信技术为核心的信息技术对社会发展产生了前所未有的巨大影响，信息技术不但创造了新的技术经济体系，形成了以先进制造技术为代表的先进生产力，而且还形成了一批高新技术产业，为制造业的发展注入了强大活力，促使人类生存和生产方式发生了深刻的变革。信息技术对制造业的影响更重要的作用还在于信息技术与传统制造技术的结合，带来新的工业革命，形成了以先进制造技术为代表的先进生产力。信息技术促进了现代制造方式的变化，带动了设计、生产与经营管理的自动化和数字化，提高了产品的技术与知识含量，加速了制造技术创新速度和新产品开发节奏，提高了制造业自身的素质与水平，促进了制造业资源在全球范围内的流动和优化配置，加速了制造业全球化的进程，特别是信息技术融入制造业的产品，使之功能、结构、质量、性能、性价比、效益等发生质的变化，并创造出一批新产品、新产业。网络作为实现信息化的一项重要支持技术和操作平台，正在给企业提供越来越多的商业机会。如何高效、便捷地利用信息网络，将是企业能否抓住信息化契机来提高自身竞争力的关键因素之一。

（二）人力资源管理组织结构弹性化

在专业分工基础上的金字塔式组织结构逐渐地趋于扁平化，管理层级相对变少，形成横向的组织结构，它围绕横向的流程和过程，而不是职能部门来创设新的结构，在迅速变化的环境中，对问题或机会做出足够快速的反应。自我管理团队成为基本工作单位，团队包含了来自各个职业领域的人员，因此，职能界限实际上消失了，以此来更好地面对顾客。同时新的企业组织形式——虚拟企业产生，模糊了企业的界限，拓宽了企业的管理视野。由于竞争环境快速变化，要求企业做出快速反应，而现在产品越来越复杂，对某些产品一个企业已不可能快速、经济地独立开发和制造其全部，因此，根据任务，由一个公司内部某些部门或不同公司按照资源、技术和人员的最优配置，才有可能迅速完成既定目标。这种动态联盟的虚拟企业组织方式可以降低企业风险，使生产能力前所未有地提高，从而缩短产品的上市时间，减少相关的开发工作量，降低生产成本。组成虚拟企业，利用各方的资源优势，迅速响应用户需求是社会集成的具体表现。实际上，敏捷虚拟企业并不限于制造，它更清晰地体现了过程的集成，在全球化的新世纪，企业必须立足全球经营与合作竞争，树立协作精神和战略联盟意识，充分利用各种外部优势实现自身的健康发展。

（三）人力资源管理重视知识管理

由于知识具有高的生产率和创造性，对知识的开发和管理成为企业管理的重要组成部分。所谓知识管理，就是开发出一套有效的管理系统，这样的系统可以说是一种知识传递转移和创造发展的体系，通过这种管理系统，原先是个人的知识经过一连串的转换流程后渐渐变成了组织的知识，这就是所谓知识的转换。知识管理作为企业管理中崭新的领域，也成为现阶段管理的热点和难点。具体来说，在企业中的知识管理运行机制主要包括：①创新失败宽容机制。创新是有风险的，不可能每一次创新都能成功。②企业知识分类与标准化制度。③企业文档积累与更新制度。④知识型项目管理机制。知识型项目更依赖于人的智慧和创新能力，对规定的时间和场地的依赖在其次。⑤外部知识内化机制。使外部知识内部化。⑥知识宽松交流机制。要建立知识宽松交流的机制和宽松交流的环境。面对以智力作为主要经济资源的时代，以知识管理促进企业深度变革，将硬件的改变和软件的改变结合在一起。软件的改变是指人的价值观、愿望、行为和习惯的改变，硬件的改变包括程序、战略、实践和组织架构。通过学习型组织的建立，在组织中形成知识共享的机制，并以此为契机促进变革，是现阶段很多企业面临的重要任务。

（四）人力资源管理强调"以人为本"

人本管理把人作为企业管理的核心和企业最重要的资源，把企业全体员工作为管理的主体，围绕着如何充分利用和开发企业的人力资源，服务于企业内外的利益相关者，从而共同实现企业目标和员工目标。在企业内部，一方面企业要重新认识人的作用，发挥组织内外相关专家的智囊作用；同时要构建全面创新的企业人才体系，给创新观念和创新思维充分的成长空间，充分发挥员工的创造性；还要加大人力资源的投资力度，提高员工的素质。另一方面要将人本管理思想提升到新的高度，建立以新型精神激励为主的激励方式，既强调物质激励与精神激励相结合，又重视建立情感激励，创造出一种使员工精神愉快、关系和谐的组织文化和人际关系。总的来说，企业内部要建立一套包括动力、压力、约束、保证、选择等机制在内的完善的人本管理机制，提供良好的制度环境，以培养出富有参与意识和责任感的员工队伍，从而使员工处于自主管理状态，努力为组织的目标而工作，最大限度地发挥员工的积极性和创造性。在企业外部，企业必须与外部环境主体和谐并存。企业的存在和发展离不开其他企业和社会，企业的所有活动根本目的是为了人类社会整体福利的提高，时刻关注自己的社会责任，也是管理"以人为本"的体现和升华。在知识经济的今天，将人本管理纳入企业的经营战略，充分发挥人力资源管理的积极效用，企业才能在激烈的市场竞争中立于不败之地，谋求更大的发展。

现阶段，研究企业管理现代化问题必须充分关注在外部环境影响下企业管理的变化趋势，对管理现代化的标准界定要反映这种变化的方向，体现时代的特征。

三、企业人力资源管理现代化所面临的问题与对策

（一）企业人力资源管理现代化所面临的问题

对各项指标的得分分析和开放式问题的整理可以看出，企业人力资源管理现代化的总体水平还处于较低的状态，面临的主要问题可以概括为以下几方面。

1. 人力资源管理信息化程度较低，管理手段落后

人力资源管理信息化程度的高低直接影响企业人力资源管理的效率，在调查中发现绝大多数企业人力资源管理信息系统的建设不完善，致使企业在行使人力资源规划、配置等职能时费时费力、效率低下。人力资源管理信息化作为企业信息化的重要组成部分，成为反映人力资源管理现代化水平高低的重要环节。

2. 企业人力资源管理人员的素质和能力有待提高

影响我国人力资源管理现代化水平高低的因素是管理人员的专业能力和素质。许多人力资源管理的专业人员并不了解人力资源管理的特点和基本职能，对现代化的人力资源管理理念和方法十分陌生，在影响和激励员工工作积极性方面简单生硬，缺乏有效的手段，这严重制约着人力资源管理现代化水平的提高。

3. 企业人力资源管理的科学化、制度化建设滞后

企业人力资源管理的随意性普遍存在，制度的不健全致使员工的考核、晋升、报酬环节中存在大量人为的因素，从而影响各项管理职能在管理中的有效性。科学、有效、规范、完善的人力资源管理制度是提高企业人力资源管理现代化水平的基础，在制度的基础上形成的良好企业文化是促进企业发展的根本动力。从调查中可以看出，由于制度的不完善或不落实，出现扯皮现象或办事效率低下，从人力资源管理的角度看工作分析和工作设计的缺陷使得工作职责和工作边界的划分模糊是造成职责不清的关键，再加上管理者素质差，缺乏管理能力，管理手段简单、生硬、落后，缺乏长期性，致使企业人力资源管理现代化水平较低。

（二）推进企业人力资源管理现代化水平的对策

针对企业人力资源管理中存在的问题，本书认为现阶段必须从以下几方面入手加以改进。

1. 深化经济体制改革，进一步完善企业市场竞争环境

人力资源管理现代化水平的提高与我国经济体制改革的整体进程密切相关。现阶段，我国经济体制的改革的总体框架已经明确，在所有制结构上，坚持以公有制为主体，多种经济成分共同发展；在分配制度上，以按劳分配为主体，其他分配方式为补充，逐步实行共同富裕；在经济运行与资源配置上，以市场机制为基础，同时政府进行必要的宏观调控；在企业制度上，探索和完善公有制经济的多种实现形式，使企业逐步做到自主经营、自负盈亏、自我发展、自我约束，成为充满生机和活力、行为合理的商品生产经营者；在劳动制度上，引入竞争机制，实行劳动用工的双向选择，同时建立劳动者的社会保障机制，以保持社会稳定；

第一章 企业人力资源管理及其现代化概论

在对外关系上,进一步扩大对外开放,更加放手地利用国外资金,引进先进技术和经营管理经验,同时积极参与国际竞争。企业人力资源管理现代化水平与企业制度、国家劳动制度紧密联系,企业治理结构与社会保障体系的完善与否直接影响企业人力资源管理政策的实施,进一步深化经济体制改革是提高企业人力资源管理现代化水平的关键。

2. 加快工会的改革,强化工会组织的作用

在市场经济条件下,工会运动的特点是由市场经济条件下的经济关系和劳动关系所决定的,工会运动应直接体现经济关系和劳动关系的要求。随着企业制度的改革,国有企业成为具有生产经营权利和独立经济利益的市场主体,企业行政方在劳动关系中的地位和权利在不断增长,工人的地位和权利在相对下降,劳动关系的利益结构发生了变化,其调节手段由行政控制转化为市场调节为主,这要求工会必须在劳动关系中明确自身的身份和地位。在我国经济发展的过程中,工会的改革一直在进行,改革的核心是如何定义工会的职能和工会的地位。

3. 加强人力资源管理的基础性工作

我国已有学者将人力资源管理中的工作分析与工作设计、人力资源管理制度的完善和人力资源管理信息系统的建设归为人力资源管理的基础性工作,指出这三项工作是有效实行人力资源管理职能的基础,为有效实施人力资源管理的各项活动搭建平台。这三方面工作的滞后也严重影响了企业人力资源管理现代化水平的提高。

针对现阶段企业人力资源管理的实际,在提升人力资源管理现代化的过程中可以从以下几点入手。

首先,制度化建设是提高企业人力资源管理现代化水平的首要问题。人力资源管理的制度化、科学化是指用科学、现代的方法界定企业各部门、各岗位的职责、职权和职能,并对人力资源管理的各项活动的规范化程序做出规定,制度的建设使企业人力资源管理活动有章可循,降低人为因素的影响。制度的建设应涉及人力资源管理活动的各个方面,包括确定人力资源规划的方法及过程,在人员

企业人才培养与现代人力资源管理

招募与配置中确定能真实反映员工素质和引导员工的方法与程序，员工培训与绩效管理的制度安排，以及反映绩效水平和能力的报酬体系和晋升制度，进而在不断改进员工关系的基础上，形成良好的企业文化，提升企业绩效。制度不完善造成管理的随意性是现阶段影响企业人力资源管理现代化水平提高的重要原因。

其次，加强人力资源管理的信息系统的建设。信息管理即对信息进行组织、控制、加工、规划等，从而实现信息和有关资源的合理配置，有效满足社会的信息需求过程。信息管理作为一种系统，既包括对信息的收集、加工、存储、报道、传递等业务的管理，同时也包括对计算机硬件和软件应用开发以及对通信技术和新发展的多媒体技术等应用开发业务的管理。在企业中信息管理是企业目标得以有效实现的前提，企业实现信息化需要信息技术和资金的保证，最为重要的是信息管理人员的支持，为保证信息管理活动的顺利开展对人力资源和社会环境要素进行管理，建立各类信息存储加工制度，各类人员的激励制度，信息的知识产权保护策略等，即信息管理不仅是技术还必须考虑经济和人文因素的结合。以计算机技术为核心对信息进行系统管理是现代化企业管理的重要特征。虽然在国家的倡导下，企业对信息化建设的关注度不断提高，但企业信息化水平仍处于起步阶段，人力资源管理信息系统作为企业信息管理系统的组成部分，对企业人才知识结构、行为表现等方面进行实时分析，更好地挖掘、开发、管理人力资源。在线招聘、培训、评估、福利申请和沟通交流大大提高了人力资源管理的效率和质量。

最后，在人力资源管理中，工作分析也是一项重要的基础性工作。通过工作分析，能够诊断出组织在人力资源管理的具体环节中存在的各种问题，根据工作分析的结果及时对工作作出调整，从而进行人员的有效配置和利用，保证组织的健康发展。

工作设计的目的就是要建立一个工作结构，来满足组织和技术的需要，满足工作者的个人需要。一个好的工作设计可以减少单调重复性工作的不良反应，而且还有利于建立整体性的工作系统，此外可以为充分发挥劳动者的主动性和创造性提供更多的机会和条件。关于工作分析和工作设计在第三章还要作专门的研究，在这里就不赘述了。

4. 重视人力资源管理的教育与培训

人力资源管理人员的专业化水平低也是影响企业人力资源管理现代化实现的重要因素，因此，重视管理专业教育和培训是提高企业管理现代化水平的重要途径。

首先，从加强高等教育整体发展的水平看，我国从高校扩招，高等教育入学率有了很大的提高，但离高等教育普及化还有很长的距离，受过高等教育的人数在总人口中的比例仍显不足。教育的普及是实现现代化的重要标志，管理专业人员的受教育水平也是实现企业管理现代化的前提。

其次，在加强管理人员专业素质方面，企业和高校之间的配合也是非常关键的环节。企业界要更新观念，善用外脑，充分利用教育资源帮助企业解决实际问题，学术界应通过各种方法帮助企业树立正确的管理理念，掌握科学的管理方法，这也是教育科研机构面临的新课题。管理人员的综合素质提高是实现企业管理现代化的关键，教育和培训都要受到重视。

第二章 现代企业人力资源规划管理

第一节 企业人力资源规划的步骤和内容研究

一、企业人力资源规划的步骤

企业人力资源的规划工作实际上就是一个从收集信息和分析问题，到找出问题解决办法并加以实施的过程。这个过程的实行需要遵循以下的步骤。

（一）调查收集和整理相关信息

当前在我国市场经济迅速发展，市场条件越来越复杂，企业经营管理涉及的因素也越来越多。比如，市场占有率、生产和销售方式、产业结构、技术装备的先进程度以及企业经营环境等。除此之外，我国社会的政治、经济、法律等环境也会对企业的经营管理产生很大的影响。这些因素对企业制定人力资源规划具有硬性的约束，因此几乎所有企业在制定人力规划时都必须要加以考虑。

（二）了解企业现有人力资源状况

对企业现有人力资源状况的了解主要包括以下几个方面，如现有人员的数量、质量、结构以及人员分布状况等。企业应对这几个方面的人力资源状况有一个明确的把握，只有这样才能为人力资源的规划做好充分的准备工作。这项工作要求企业要建立完善的人力资源管理信息系统，对企业员工的各种信息进行详细的记载，如个人自然情况、录用资料、工资、工作执行情况、职务和离职记录、工作态度和绩效表现等。企业的管理人员只有对本企业的员工有一个全面的了解，才能够最大限度地降低企业人力资源规划的风险。

（三）预测组织人力资源供求

对企业人力资源供求关系的预测，即采用定性和定量相结合的预测方法，对企业未来人力资源供求进行分析和判断。这项工作具有很强的技术性，企业人力规划的效果和成败就是由其准确度决定的，是人力资源规划工作中最为关键的一步。

（四）制定平衡人力资源的各项计划

企业在制定平衡人力资源的各项计划中，要以实际为基础，对各种条件要充分利用，制定总计划和业务计划，以平衡人力资源供求关系，并提出一些具体的政策措施，用来调整供求关系。这是人力资源规划活动的落脚点，人力资源供需预测是为这一工作来服务的。

（五）对人力资源规划工作进行控制和评价

对企业人力资源的预测是整个人力资源规划的基础，但需要注意的是，预测与现实毕竟是有差异的。因此，在执行过程中必须对制定出来的人力资源规划加以调整和控制，使它与实际情况相适应。人力资源规划的控制包括两方面内容。一方面是，整体性控制，使人力规划与企业经营计划和与企业内外部各方面一致；另一方面是，操作性控制，即对中小型企业人力资源规划的实施情况进行跟踪与控制，考察人力资源管理活动是否按规划进行。在实施控制的过程中，必须对员工的意见和反映充分的重视。

（六）对人力资源规划进行评估

在整个人力资源规划的过程，对人力资源规划的评估是其最后的一步。人力资源规划是一个重要的开放系统，并不是一成不变的，因此必须要定期对规划的过程和结果进行监督和评估。除此之外，还要对信息的反馈加以重视，并且要不断进行调整，使其更切合实际，以促使企业目标更好地实现。

二、企业人力资源规划的内容

（一）企业人力资源规划的原则

1. 企业战略与人力资源规划相衔接

企业人力资源规划所涉及的范围非常广泛，既可以在整个企业中运用，又可以只应用于企业的某个部门或是某个工作的集体，不仅可以单独进行制定，还可以集体制定。需要注意的是，无论采用哪种制定方法，也无论是在应用在企业的哪个部门，都一定要注意与企业整体发展战略的相衔接，只有这样才能保证企业目标与人力资源开发相协调，才能够保证人力资源规划的有效性和准确性。

2．充分考虑内外环境的变化

由于市场竞争的日益激烈，企业内外部的环境不断发生着变化，因此企业在制定人力资源规划的过程中，必须对企业内外环境的变化进行充分的考虑，否则所制定出来的人力资源规划就极有可能不符合企业自身发展的目标。规划在任何时候都是面向未来的，而未来充满了各种不确定因素，这其中包括内部因素和外部因素。内部变化主要是指产品的变化、销售的变化、发展战略的变化、企业员工的变化等等；外部变化主要是指政府人力资源政策的变化、人力供需矛盾的变化、市场的变化以及竞争对手的变化等。为了能够更好地适应这些变化，在人力资源规划中，应该对可能出现的情况做出全面的预测和分析，然后要制定出应对各种风险的对策和措施。

3．促使企业与员工共同发展

企业所制定的人力资源规划不仅可以为企业自身的经营发展做出巨大的贡献，并且还能够促进企业内部员工的发展。在知识经济的时代，只有人力资源素质的不断提高，才能适应时代的发展变化，因此员工自身的职业前途也就越来越受到他们的重视。工作对于所有的职业者来说，都不仅仅只是一种谋生的手段，同时也是实现自我价值的一种极为重要的方式。企业想要实现生产和经营规模的拓展，员工的发展是不可或缺的因素。二者之间相互依存、相互促进，共同促成了企业的辉煌和发展。由此看来，一个优秀的人力资源管理系统，必须能够使企业和员工都长期获益，促进企业和员工的共同发展。

（二）企业人力资源规划的内容

企业人力资源规划是企业对新经营环境下，人力需求和供给之间可能存在的矛盾进行分析，并做好相应的管理规划。企业人力资源规划分为中长期规划和年度规划，年度计划是执行计划，是中长期规划的贯彻和落实，中长期规划对人力资源规划具有方向指导作用。

企业人力资源规划主要包括以下几个方面的内容：

1．人员补充规划

企业的人员补充规划是指，在中长期内使岗位职位职务空缺能够得到高质量的补充。人员补充规划需要明确岗位工作职责，并对不同岗位工作人员所需要的资历、技能以及年龄等要素进行明确。

2．岗位职务规划

岗位职务规划主要解决企业定员定编的问题。企业要依据自身发展目标、劳动生产率、技术装备、工艺要求等因素来确立与之相应的组织机构以及岗位职务标准，并以此来实行企业的定员定编。

3．人力分配规划

企业的人力分配规划指的是，依据企业各级组织机构、岗位职务的专业分工来配置所需的人员，其中包括工种分配、干部职务调配及工作调动等内容。企业通过内部人员有计划的流动来实现对员工在未来职位上的安排和使用，其配备计划就是这种人才流动计划。

企业实行配备计划具有重要的作用，主要表现在三个方面：首先，当等待提升的人较多，上层职位较少时，可以通过配备计划实现员工的水平流动，以减少员工的不满情绪，等待上层职位空缺的产生；其次，在企业人员过多时，工作方式也可以通过配备计划进行适当的改变，对企业中不同职位的工作量进行调整，使员工工作负荷不均的问题得到解决；再次，当企业要求某种职务的人员应兼备其他职务的经验或知识时，可以尝试进行岗位的流动，并以此为基础培养综合型人才。

4．教育培训规划

企业所制定的教育培训计划指的是，根据企业自身发展的实际需要，通过一定的教育培训方式，为企业培养出满足当前和未来所需要的各级、各类员工。

5．人员晋升规划

企业的人员晋升规划是指，依据企业的组织需要、岗位设置以及员工发展来制定提升方案。对于企业来说，最理想的人力资源运作状态时人尽其用，这对于调动员工的积极性、提高人力资源利用率具有非常重要的意义。职位的晋升不仅可以提升员工的个人收入，也会增强员工的工作责任感和归属感。当人员安排合理，晋升渠道通畅时，员工会产生巨大的工作潜力，企业也能够在这个过程中获益。

6. 薪资激励

薪资激励对所有的企业来说都非常重要，因为薪酬是激励员工最为直接的动力。企业实行合理的薪资激励制度不仅能够确保企业人工成本与企业盈利能力保持恰当的比例关系，还可以产生额外的精神激励，促使员工更加努力的工作。薪资总额通常都是由企业的盈利能力、工作内容、员工素质以及绩效水平决定的。通过薪资激励的政策，企业可以在预测企业发展的基础上，推测和预算出未来的薪资总额，并能够以此为依据确定企业某一经营阶段的薪资策略。

7. 员工职业生涯规划

企业员工的职业生涯规划可以划分为两个层次，即个人层次的职业规划和组织层次的职业规划。职业生涯指的是，一个人从首次参加工作开始的一生中所有的工作活动与工作经历，按编年的顺序串接组成的整个工作过程。个人层次的职业规划就是个人为自己设计的成长、发展和不断追求满意的计划；组织层次的职业规划则指的是，组织为了不断增强其成员的满意感，并使其能与组织的发展和需要统一起来而制定协调有关组织成员个人的成长、发展与组织的需求、发展相结合的计划。其中，我们所说的人力资源规划中的职业规划指的是组织层次的职业规划。

8. 退休解聘规划

企业组织在制定退休规划时，一定要尊重国家有关政策的规定。对于需要解聘的员工，需要按照劳动合同解除的相关条款来执行。当劳动合同期满或当事人双方约定的终止条件出现，劳动合同即终止。当事人协商一致的，可以续订劳动合同；当事人中任何一方不同意续订劳动合同的，劳动关系即终止。劳动合同履行中，双方可以协商解除劳动合同；出现法定解除劳动合同条件的，当事人有权解除劳动合同。

三、企业人力资源规划的意义

企业进行人力资源规划的意义主要体现在三个方面：

第一，在当前企业的管理过程当中，要想确定企业什么时候需要补充人员，补充哪些层次的人员，如何避免各部门人员提升机会不均的现象，如何组织多种需求的培训等，必须有切实可行的人力资源规划方案，否则就会出现头痛医头，脚痛医脚，治标不治本的状况，这对企业的长远发展非常不利。

如果一个企业的规模很小，并且在低职位的人较多时，企业所耗费的人工成本就会相对便宜。但是随着时间的不断推移，企业规模的不断扩大，人员的职位等级水平的不断上升，企业所耗费的工资的成本也会不断增加。如果没有恰当的人力资源规划，企业就无法预计未来的人工成本，这样就很可能会导致成本上升、效益下降等对企业不利的状况出现。因此，在预测未来企业发展的条件下，人员的分布状况要有计划逐步进行调整，合理的控制支付成本，这对实现企业的可持续发展是极为有利的。

第二，良好的人力资源规划，有助于调动员工的积极性。根据"摘苹果原理"，人必须要有目标，而且只有在通过努力可以实现的前提下，才能发挥人的最大工作积极性。企业在恰当的人力资源规划的指导下，员工才可以看到自己的发展前景，从而去积极地努力争取。人力资源规划有助于引导员工进行科学合理的职业生涯设计和职业生涯发展。

第三，在对企业进行人力资源规划的过程中，不断满足企业在各方面对人力资源的需求保障企业实现不断发展的需要。人力资源与组织的生存和发展之间具有十分密切的关系。在企业的动态变化过程中，人力资源无法自动实现的需求和供给的平衡，因此这时就需要对企业的供求关系进行全面的分析，根据实际的需求来采取适当的手段来调整这一差异。在企业的人力资源管理中，预测组织的供求差异并调整差异，这是人力规划的基本职能。

第二节　人力资源的需求预测

人力资源的需求预测指的是，估计组织未来需要多少员工，需要什么类型的员工。因此，人力资源的需求预测应该以组织的目标为基础，既要考虑现行的组织结构、生产水平等因素，又要预见到未来由于组织目标的调整而导致的一系列变化，如组织结构的调整、产品结构的改变、生产工艺的改进、新技术的采用等，以及由此而产生的人力资源需求在数量和技能两方面的变化。

一、人力资源需求预测的影响因素

（一）政府方针政策的影响

政府的方针政策会对企业人力资源的需求预测产生很大的影响。我国在2008年1月1日颁布实行了新的《劳动法》，其中强化了对部分弱势员工的强制保护，法律对年龄较大、再就业困难和可能产生职业危害的劳动者，给予更为坚实的保护。在这项法律中，企业不能再随便与员工解除合同，这方面的相关规定充分体现了《劳动法》保护劳动者合法权益的立法宗旨，因此企业在进行需求分析时应注重考虑政府方针政策的影响。

（二）市场的动态变化

从市场的动态来看，随着市场经济的不断发展，人民收入的不断提高，消费者的需求也变得日益复杂多样，供求矛盾更加尖锐，加上城乡之间的交往、地区间往来的日益频繁，旅游事业的不断发展，国际交往逐渐增多，人口流动性的增大，企业所面对的环境越来越复杂。因此，企业只有密切注视市场动态，提供适销对路的产品，才能在激烈的市场竞争中占有一定的优势。反过来，市场的动态变化也要求企业的人力资源结构需要不断进行调整，因此企业在进行人力资源分析时要充分注意市场的变化。

（三）劳动力成本的变化趋势

随着中国经济的不断发展，市场经济体制改革的不断深入，我国的劳动力成本也在逐年上升，企业的经营成本也在不断上升。因此，为了保证企业能够在不断增长的人力成本中保持盈利能力，管理者必须需对企业现有的人力资源进行深入的开发，最大限度地激励员工的积极性与创造性。

（四）企业的人力资源政策

企业人力资源政策，特别是薪酬政策对内部和外部人力资源的影响很大，比如企业的薪酬是否处于同行业领先水平等，决定了企业岗位对内部和外部人员的吸引力。

（五）企业的发展阶段

根据企业发展生命周期，不同阶段进行人力资源进行预测时，需要考虑的要素和策略有很大的区别。与此同时，同时也要考虑在不同的阶段可能影响人力资源的不同因素。

（六）其他因素

除上述因素外，社会安全福利保障、工作时间的变化、追加培训的需求等因素也应在企业人力资源规划的考虑范围之内。

二、人力资源需求预测方法

（一）定性预测法

定性预测法并不是不进行数量预测，而是指因没有统计数据为依据，只能靠预测人员的经验进行预测。[①]

1. 经验预测法

经验判断法是指完全依赖预测者个人或一个小组的特性，即依赖于他们的经验、智力和判断力的一种方法。[②]在通常情况下，使用这种方法预测的都是这一领域的专家，他们对这一领域的具体细节和总体情况都有较多的了解。企业也可以采用一组人进行预测的方式，这样可以获得更多的信息，集中大家的智慧，以取得一致的意见。但需要注意的是，有时候信息太多也可能会冲淡主题，成员之间会相互影响，也可能会出现权威人士限制其他人的创新性思维的情况。

2. 现状规划法

现状规划法是一种简单易行的预测方法，企业在选用这种方法时需要满足一定的前提条件。如果一个企业的目前各种人员的配备比例和人员的总数将完全能适应预测规划期内的人力资源的需要，那么人力资源计划人员所要做的事情就是

---

① 朱林. 管理原理与实训教程[M]. 北京：北京邮电大学出版社，2008，第97页.
② 刘翠芳. 现代人力资源管理[M]. 北京：北京大学出版社，2010，第56页.

测算出在规划期内有哪些人员将会出现晋升、降职、退休或调出本企业的情况，然后再准备调动人员进行替补，其中包括伤亡人员的替补。在通常情况下，企业内部管理人员的连续性替补都会使用这种方法，其适用于短期人力资源计划需求的预测。

3. 德尔菲法

德尔菲法是一种直观型的预测技术，是"专家集体咨询"的方法，它根据对影响组织的内部因素的了解程度来选择多个专家进行咨询，专家既可以是组织内的成员，也可以来自组织外部。[①]德尔菲法的具体做法是：首先将要咨询的内容写成若干条意义十分明确的问题，将这些问题寄给专家，请他们以书面的形式予以回答。专家在不进行沟通的情况下回答这些问题，然后将他们的意见集中归纳后反馈给他们，请每个专家对这个归纳的结果重新予以考虑。这使专家有机会修改自己的预测并说明修改的原因，再将修改结果寄回。经过3～4次的反馈，专家的意见就会趋于集中。然后再通过一些数字化的处理，就可以得出较为恰当的结果。由于这种方法是在每个专家均不知除了自己以外的其他专家的任何情况下进行的，因此就避免了人际关系、群体压力等条件干扰的缺点，也解决了难以将专家在同一时间集中在同一地方的问题。德费尔简单可靠，因此很多企业都是运用的这种方法。

德尔菲法常用于短期预测的问题，许多组织都是因为使用了这种方法而获得巨大的成功。企业在使用这种方法时需要注意以下几个问题：

（1）预测的优点先向专家说明，以争取他们的支持；

（2）将丰富且完备的信息提供给专家，以便于他们做出正确的判断，例如人员安排情况和生产趋势；

（3）不对精确度作过分的要求。可以让专家们先粗略的估计出数字，并请他们对估计数字的肯定程度进行说明；

（4）所提出的一些问题尽量应该是他们所能答复的问题；

[①] 秦璐．人力资源管理[M]．广州：中山大学出版社，2006，第75页．

（5）对于员工分类和其他定义要保证所有专家理解的切入点是同一个角度；

（6）尽可能使不必要的环节简化，对于那些不必要的问题不要多问。

虽然德尔菲法具有明显的优点，但是企业如果只单单使用这一种方法也是不行的，其需要其他方法的补充。使用这种方法的难点在于如何提出简单明了的问题，如何将专家的意见归纳总结。为了弥补德尔菲法在这方面的不足，企业可以采用名义小组的讨论方法，指的是请各位专家或有经验的现场管理人员构成一个小组，大家围在一张桌旁，每人根据现有的信息与资料，列出一张问题清单，组织者再将所有专家提出的问题一一列出，最后请各位专家予以归纳。

4. 管理评价法

管理评价法是预测人力资源需求最常用的方法，它是由高层主管、部门经理、人力资源经理等人员预测和判断企业在某一时段对劳动力的需求。它可分为上级估计法和下级估计法两种，前者由高层领导根据组织发展战略、经营环境的变化预测人员需求；后者是首先由基层管理人员根据生产能力、员工流失等情况预测人员需求，然后向上级主管部门汇报。预测人员需求的依据有组织目标、生产能力、市场需求、销售预测、人员配置和员工的流动性等。这种评价方法的主要缺点是，容易犯主观错误，判断依据的真实性与判断者的经验是影响这种方法能否准确对企业人力资源管理问题进行诊断的关键。

5. 描述法

描述法指的是，人力资源计划人员可以描述或建设通过对企业组织在未来某一时期的有关因素的变化，通过描述、假设、分析和综合预测出未来人力资源需求的一种方法。[①]这种方法不适用与企业人力资源的长期预测，因为一旦时间跨度过长，就很难描述出环境变化的各种不确定因素。

6. 分合性预测法

分合预测法是多种人力资源需求预测方法中最为常用的一种方法，其采取的形式就是先分后合。使用这种方法的第一步是，企业组织要求下属的各个部门、

---

① 郝忠胜. 人力资源组织与绩效评估[M]. 北京：中国经济出版社，2005，第66页.

企业人才培养与现代人力资源管理

单位根据各自的生产任务、技术设备等变化的情况对本单位将来对各种人员的需求进行预测,然后在以此为基础,综合平衡下属各个部门的预测数据,从中预测出整个组织将来某一时期内对各种人员的需求总数。企业使用这种方法时要求有人事部门或专职人力资源规划人员的指导,下属各级管理人员能充分发挥在人力资源预测规划中的作用。分合性预测法具有很大的局限性,由于会受到各层管理人员的阅历、知识的限制,很难对长期做出准确的预测,因此,此方法只适用于企业中短期的预测规划,尤其是在组织作总体调整和变化时可以发挥出重要的作用。

(二)定量预测法

定量预测法指的是选择一个与人力资源需求有关的商业要素,并预测随商业要素的变化而产生的劳动力需求变化。所谓的商业要素指的是一种商业属性,如生产能力、销售商、市场份额、商业面积、工作时数等。统计学方法的关键是确定一个与劳动力紧密相关的商业要素,一般在相对稳定的经营环境中较为容易发现这些因素,因此这种方法更为适用于在相对稳定的环境中企业对人力资源需求的预测。

1. 计算机模型法

随着计算机技术的迅速发展,其对企业的发展也具有了更为重要的意义,表现得越来越明显的是人力资源管理的信息,很多的信息都要依靠于计算机技术的信息处理能力,例如,人力资源需求预测就在很大程度上都是依赖于计算机强大的数据处理能力来完成的。

在很多的企业组织内部之中,已经开发出了完善的人力资源信息系统,使用IT技术进行人力资源管理,将人力资源部门和直线部门所需的信息放在一起,实现互联与共享,使综合的计算机预测系统建立起来。生产单位产品的直接工时、当前产品系列的销售额计划是这一系统中需要保存的信息。直接生产人员的人数可以通过这两者可以初步确定,进而确定企业内部人力资源需求。

2. 工作负荷分析法

(1)销售预测。企业在进行销售预测时,需要注意以下几个环节:

第一,将企业过去的销售记录制成统计表,按照顺序对未来的销售形式进行设计。

第二,对于自己未来的销售情况由营销单位和销售人员自己进行预测或估计,然后将结果按地区和产品种类综合起来,形成一个总的销售预测数字。

第三,有一种很重要的预测方法就是对消费者购买力进行估计,这也属于销售预测。

第四,分析市场和经济趋势,这也可以作为未来市场判断的重要因素。在销售预测时,要交叉使用上述方法。

(2)工作力分析。企业必须明确现有人力究竟有多少可以参与实际的工作,这就是工作力分析的内容。企业可以从人事或是各种考勤记录的统计中,明确最近工作中事、病假或缺勤的趋势。除此之外,还要从退休人员和辞职的记录以及各单位人员的动态记录中,明确企业近期内离职的人数。最后在总结分析的基础上,来确定企业实际的工作力。

(3)对生产过程进行分析。对生产进程进行分析指的是,将规划生产的产品排定生产日期,然后根据产品设计与过去生产的实际记录,以及时间研究的结果,计算出各单位所需的员工数,各单位的人力之和就是企业总进程所需的人工时或劳动力。企业职能部门人员或非直接生产单位人员在企业业务性质和组织结构不变的情况下,一般是一个常数。因此,全部生产人员与全部非生产人员就构成企业总的资源,或称为企业的工作力。

3. 趋势分析法

趋势分析法是一种定量分析预测方法,它主要利用过去的员工人数来预测未来人力资源的需求。随着计算机的广泛使用,人力资源管理人员可以有效地使用回归分析预测法。采用这种方法的关键是选择一个对员工人数有重要影响的预测变量,最常用的预测变量为销售量。销售量与员工人数之间的关系为正相关。当销售量增加时,员工人数也随之增加。利用这种方法,可以对不同销售量时所需的员工数量进行近期的估计。在大多数情况下,员工数量都是由多个因素来共同决定的,因此企业也可以考虑采用多元回归的方法进行预测。

回归分析预测法指的是,通过了解一个或一系列变量的变化来预测另外一个变量。这种方法的关键是要建立一个科学的回归方程式，用以反映变量和变量之间的关系；根据这种回归方程式，就可以非常方便地在了解一个或一系列变量的基础上预测出另外一个变量的数值。回归分析预测法又可以分为一元回归分析预测法和多元回归分析预测法两种不同的形式。预测的回归方程式中只有一个自变量和一个因变量的，被称为一元回归分析预测法；有多个自变量和一个因变量的，被称为多元回归分析预测法。例如，企业员工的未来需求与多种因素有关，其中主要有企业产品的未来销售量或市场需求以及员工的劳动生产率等。如果我们只考虑企业产品的未来需求与员工需求之间的关系，并利用产品未来需求、借助于回归分析预测法来预测员工的需求，那么，这时只存在一个自变量和一个因变量，这就是一元回归分析预测法；如果我们不仅考虑产品的未来需求，而且还考虑员工的劳动生产率，并利用产品的未来需求和员工的劳动生产率以及借助于回归分析预测法来预测员工的需求，那么，这时就存在两个自变量和一个因变量，这就是多元回归分析预测法。在通常情况下，一个组织的人力资源供求预测中，多元回归分析预测法要优于一元回归分析预测法，因为前者考虑了多种因素的影响，而后者只考虑了单个因素的影响。回归分析预测法不但适合于短期的人力资源预测，而且也适合中长期的人力资源预测。

4．趋势外推法

趋势外推法又叫作时间序列预测法，指的是按照已知的时间序列通过一定的方法向外延伸，以预测未来的发展趋势。其具体又可以分为三种方法，即直线延伸法、滑动平均法和指数曲线法。

（1）直线延伸法。直线延伸法通常只在一种情况下会被较多的运用，即企业人力资源需求量在时间上表现出的明显均等延伸趋势。如图 2-3 所示，通过这种方法，可由需求线 Z 直接延伸，从而得到未来某一时点的企业人力资源需求量。

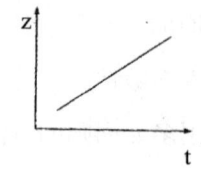

图 2-3　直线延伸法图示

（2）指数曲线法。指数曲线法的计算公式为：
$$X = \alpha X_t + (1-\alpha)X_{t-1}$$

其中：X 表示新平滑值；

α 表示平滑系数或平滑加权系数；

X_t 表示时间序列中新数据；

X_{t-1} 表示计算出的平滑值。

平滑系数 α 的选择，直接决定着预测的精确度。一般都是选择几个 α 值，从而进行多方案分析。经验证明，α 的值一般应为 0.3、0.2、0.1 或 0.05。

（3）滑动平均法。滑动平均法通常是在企业人力资源需求量的发展趋势不明确时、时间序列不规则，运用滑动平均数进行修匀的一种趋势外推法。其假定现象的发展情况通常都与较近一段时间的情况有关，但是与较远的时间却无关，因此将近期内现象的已知值的平均值作为后一期的预测值。这种方法主要适用于短期预测。

5．劳动定额法

劳动定额法指的是，一定量的工作劳动需要企业员工在规定的时间内完成。在企业计划任务总量已知，并且还制定了科学合理的劳动定额的基础上，如果企业想要较为准确的预测出企业人力资源的需求量，就应该采用劳动定额法来进行预测。[①]

这种方法的计算公式为：
$$N = W / q(1+R)$$

其中：N 表示人力资源需求量；

W 表示计划期任务总量；

q 表示企业现行定额；

R 表示部门计划期内生产率变动系数。

---

① 赵中利．人力资源管理[M]．青岛：中国海洋大学出版社，2007，第 51 页．

$$R = R_1 + R_2 + R_3$$

其中：R_1 表示企业技术进步引起的劳动率提高系数；

R_2 表示有经验积累导致的劳动率提高系数；

R_3 表示有年龄增大及某些社会因素引起的生产率降低系数。

第三节　人力资源的供给预测

人力资源供给预测指的是，组织为实现其既定目标，对未来一段时间内可获得的人力资源状况做出预测，包括对组织内部和外部的人力资源进行预测。组织内部对人力资源的需求是需求预测主要所针对的，而组织内部与外部的人力资源供给两个方面供给预测则要兼顾，这是人力资源供给预测与需求预测的主要不同之处。

一、人力资源供给预测的影响因素

（一）人力资源供给预测的外部影响因素

1．宏观经济形式

宏观经济的状况对于人力资源的供给有直接的影响，包括 GDP 的增长率，所处的经济发展周期，各个产业的结构及其发展水平，国际经济局势与政治局势等，都对人力资源的供给产生重要的影响。

2．社会保障

社会保障政策的实施对劳动力市场有双重的影响。这一点在发达国家与不发达国家形成鲜明的对比。在一些发达国家，由于社会保障的相对完善，从积极面看，可以促进劳动力的充分合理流动，提供更多的就业保障，但是过于优厚的社会包装可能导致企业和社会的成本扩张，不利于刺激企业和个人的创新。相反，许多发展中国家面临的问题是保障不足，因而，滞后的社会保障机制无法有效保障劳动者的权益。无论是发达国家还是发展中国家，都面临着两难的选择。

3．劳动力市场

劳动力市场指的是，在一定经济环境下劳动力的供求数量与结构关系。从量的角度看，如果市场上的劳动力资源丰富，企业可以选择的范围和自由度就大，找到合适职员的概率就相应增加。从质的角度看，在知识经济的时代背景下，企业对劳动力的素质也会提出更高的要求，一般包括知识、技能、素质三个方面。而胜任力模型研究表明，胜任力的提升有助于提高企业的绩效。因此，企业必须根据自身的发展状况，制定出有前瞻性的人力资源规划，才能在竞争激烈的劳动力市场上获得更多的优势。在分析外部劳动力市场时，主要还要考虑以下因素：①人口因素，该因素是对劳动力供给总量与结构的约束；②社会和地理因素，劳动力的外部供给还会受到社会和地理因素的制约。在交通设施和其他市政功能比较落后的情况下，劳动者的迁徙成本相对较高，一定程度上阻碍了劳动者的流动和供给。

4．法律法规

纵观世界各国的发展历程，一个显著特点是对劳动者权益的保护都不断走向完善，这是一个历史趋势。从源头上控制企业的违法行为，那么在进行人力资源规划的时候才能有一个稳定的预期，从而提高员工的忠诚度。一个具有良好忠诚度的企业，才能在激烈的竞争中稳步向前。

5．劳工组织

在成熟的经济体中，工会组织在保护劳方利益方面发挥着重要的作用。对于参加了工会的成员，企业在决定是否聘用或改善其待遇的时候，必须与工会组织通过集体谈判，并以严格规范的协议签订合法的劳动合同；对于工作岗位，必须明确相应的权责范围。对于未参加工会的人员，虽然会受国家相关法律的保护，但其维权成本远大于参加工会的人员。因此，工会组织在为企业提供合适人力资源方面起到了至关重要的作用。

（二）人力资源供给预测的内部影响因素

1．在职人员的年龄分布

在职人员的年龄分布情况对组织人力资源供给预测的影响较大。组织员工年龄分布有两种状况：一种是随着年龄的增加员工人数增加，如图 2-4（a）所示，另一种是随着年龄增加员工人数减少，如图 2-4（b）所示。

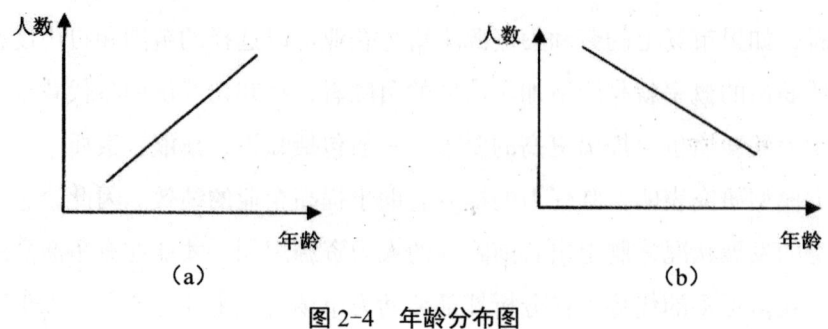

图 2-4　年龄分布图

在图 2-4（a）中年龄越大的员工比例较高，不久的将来会有较多的员工退休，人力资源供给会大幅度减少。在图 2-4（b）中年龄越小的员工比例较高，组织虽然不会因为有大量的员工退休而面临严重的人力资源短缺问题，但是年轻员工流动性大，对人力资源供给仍有一定的影响。

2．人员离职与流失

企业内每年都会有员工离职与流失的情况，这对企业内部人力资源供给预测有很大的影响。一般说来，员工离职可能是由企业外部的吸引力引起的，如转到其他组织工作可以获得更高的收入或更有发展的机会。但员工离职也可能是由组织内部问题引起的，如工作压力大、人际关系紧张、不能适应工作、对工作失去兴趣等。

3．现有人力资源的运用情况

人力资源运用情况有员工的工作负荷情况是否饱满或者超负荷、员工的缺勤状况、工时利用情况、部门之间是否存在分工不平衡的情况等，若缺勤情况严重而不能改善，可能会影响企业的人力资源供给。

4．组织内部人员的流动

企业组织内部人员的流动主要包括升职、降职和内部水平调动三种情况，由于大多数企业的各个部门都需要一定的人力资源支持才能完成正常的工作，因此这些企业内部人员的流动状况必然会对企业的各个部门都会产生一定的影响。

5．人力资源供给渠道分析

人力资源供给渠道分析提供了企业渠道获取所需人力资源的信息。人力资源供给主要由两个途径,即企业的内部供给和企业的外部供给。当企业出现工作岗位空缺时可以首先考虑能否通过岗位轮换、晋升等方式从企业内部填补岗位空缺。当企业内部无法满足或无法全部满足岗位空缺所产生的人力资源需求时,就必须通过外部供给渠道来解决。

在很多情况下,即使发展并雇用到优秀员工也并不是件容易的事情。当今社会,人才争夺日益激烈,不仅各企业制定各种吸引人才的优惠措施,各国政府也配合制定相应政策,因此,在对人力资源供给进行预测时,必须对劳动力市场供给和政策供给进行全面评估。

二、人力资源供给预测方法

(一) 人力资源外部供给预测方法

对劳动力市场的情况进行分析是外部人力资源预测的主要工作,同时对可能为组织提供各种人力资源的渠道进行分析和对与组织竞争相同人力资源的竞争性组织进行分析,组织可能获得的各种人力资源情况可以从中获得,得出这些人力资源可能的代价以及可能出现的困难和危机。

1. 直接调查相关信息

企业可以对自己所感兴趣或是对自身企业发展有帮助的人力资源采取直接调查的方式来进行了解,这不仅可以与猎头公司、人才中介所等专门机构长期保持紧密的联系,并且还还可以与各高校建立或保持一种长期的合作关系,这样就会十分方便跟踪目标生源,才可能会为企业提供的目标人才状况进行及时地了解。

2. 查阅资料

企业想要了解人才市场信息的途径和方法有很多,其中查阅资料也是极为简便的一种方法,其可以采用的途径有:其一,通过互联网以及国家和地区的统计部门;其二,劳动和人事部门发布的一些统计数据;其三,随时关注国家和地区的政策法律变化。

3. 对雇员和应聘人员的分析

企业想要对外部人力资源供给状况进行预测,通过对应聘人员和已经雇佣的人员进行全面和深入的分析是一种不错的方法，这样企业就可以对当前员工的想法和意向有一个比较全面的了解，有利于企业的得出对未来人力资源供给状况的估计。

（二）人力资源内部供给预测

1. 现状核查法

现状核查法是一种静态的人力资源供给预测方法，通常情况下，对组织中人力资源动态的、未来的变化是无法反映出来的，因此它存在着很大的局限性，其对人力资源的供给预测只适合中小企业短期的运用。

现状核查法主要是核查组织现有人力资源质量、数量、结构在各职位上的分布状态，以对企业拥有的人力资源具体情况进行掌握，为组织的人力资源决策提供依据。该方法在使用时可以分为两步来进行，第一步是对组织的工作职位进行分类并进行级别划分，第二步是对每一职位，每一级别的人数进行确定。

2. 员工满意度与忠诚度分析

企业可以定期调查员工的满意度情况，这种调查可以由企业的人力资源部门来执行，也可以委托专业公司来执行，通常采用不记名的方式。调查可以显示出员工对工作的满意程度以及继续留在公司工作的愿望等。

3. 职位置换卡

职位置换卡又叫作管理人员接替模型，它是一种预测供给的有效方法，专门对于中高层管理人员而进行的。它通过企业中各管理人员的绩效进行考核及分析晋升的可能性，对企业中关键职位的接替人选予以确定，然后对接替人选目前的工作情况及潜质进行评价，对其职业发展的需要进行确定，对个人职业目标与组织目标的契合度进行考察。确保供给组织未来有足够的、合格的管理人员是其最终目的。个人是技能清单的出发点，描述的是个人的技能；而职位是职位置换卡的出发点，可能胜任组织中各关键职位的个人是它主要描述的，这是它与技能清单的主要区别。

在使用职位置换卡的方法时，童谣要遵循以下几个步骤：第一，对人力资源规划所涉及的工作职能范围进行确定；第二，对每个关键职位上的接替人选进行确定；第三，对接替人选的工作情况和是否达到提升要求进行评价；第四，对接替人选的职业发展需求要有所了解，对其个人职业目标与组织目标的契合度进行考察。

4．马尔可夫模型

马尔可夫模型是一种运用统计学原理预测组织内部人力资源供给的方法。其基本思路是通过收集历史数据，找出组织过去人事变动的规律，从而推测组织未来人事变动的趋势。马尔可夫模型实际上是一种转换概率矩阵，描述了组织中员工流动的整体趋势，可以作为预测内部人力资源供给的基础。其一般步骤为：第一，根据组织的历史资料，计算出人员流动的平均概率；第二，根据计算出的概率，建立一个人员变动矩阵表；第三，根据期末的种类人数和所建立的变动矩阵表，预测下一期组织可供给的人数。

需要注意的是，马尔可夫模型的假设前提是：组织过去和未来员工的流动情况大致相同。也就是说，马尔可夫模型只适用与组织过去人员变动情况与未来人员变动情况相似的情形，如果差异较大，则不适用；除此之外，由于此模型是基于历史数据，因此其准确性和可行性还有待进一步研究，在使用时要特别注意其他因素的干扰。

5．技能清单

员工工作技能特征是用技能清单来反映的，其包含的主要内容有教育背景、工作经历、培训背景、持有的证书、主管部门的评价等。技能清单综合地反映了员工的素质，有助于决策者和人力资源计划人员总体把握组织现有人力资源状况，从而对现有员工调换工作岗位的可能性大小进行估计，从而决定出以前的空缺有哪些员工来填补，以便更合理有效的配置资质人力资源。从一定意义上来说，技能清单可以反映出一个员工的工作能力，这其中主要包括基层操作员工的技能、研发人员的科研水平和中层管理人员管理能力的种类及所达到的水平。

技能清单可以为以下工作提供参考：继续培养管理人员计划，确定晋升人选，安排、培训一些特殊工作，规划职业生涯，组织结构分析和公司奖励计划。一些组织经常临时建立小项目或者人员频繁的流动，所有员工都要包含在技能清单之中；而对于那些组织人员流动频率不高的情况来说，人员继续培养计划主要是使用技能清单来制定管理的，当然需要将管理人员包括在技能清单之中。

第四节 人力资源规划的制定和实施

一、人力资源规划的制定

企业在制定人力资源规划时，需要编写一系列详细的计划书，这些计划书主要有：

（一）编写职务计划

企业在制定人力资源规划时，首先要做的事就是先写企业的职务计划。将企业发展规划和组织工作方案为基础，然后再结合职务分析的内容，最后确定企业职务编制。职务计划主要阐述了企业职务的动态设置方式，制定职务编制计划的目的是为了描述未来的组织职能规模和模式。

（二）编写人员配置计划

企业人力资源规划制定的第二步是编写人员配备计划，要以企业职务计划为依据，然后结合人力资源的盘存报告，最后制定企业人员的配置计划。其具体内容是，要对企业不同职务的人员数量进行阐述，以及人员的职务变动方式，职务空缺数量的补充办法等都要有详细的描述。

（四）编写人员供给计划

在编写人员供给计划时，首先要做的事是要对企业现有人力资源进行盘存，然后找到员工变动的规律，对人员供给的方式进行阐述，其中主要包括人员的内部流动办法、外部流动政策、人员的获取途径和具体办法等。

（五）编写培训开发计划

为了适应企业发展的需要，企业有必要对员工制定定期的培训计划，其中又可以分为对新员工的上岗培训和对老员工的继续教育两个不同的方面，还包括各种提高式的培训。培训计划主要涉及的内容有政策、培训需求、培训材料、培训方式等。

(六) 编写人力资源政策调整计划

人力资源政策调整计划,是对企业发展和企业人力资源管理之间关系的主动协调,确保人力资源管理工作主动地适应企业的发展需要是其主要目的。明确计划期内人力资源政策的方向、范围、步骤及方式等是其主要的任务。其中包括招聘政策、绩效考核政策、薪酬与福利政策、激励政策、职业生涯规划政策、员工管理政策等。

(七) 编写人力资源费用预算

企业所组织进行的各种人力资源活动必然会产生一定的费用,因此进行人力规划的一个重要任务就是人工成本、费用的控制,提高投入产出比,因此在企业正常运营的实际工作中对人力资源费用进行预算管理是十分必要的。

(八) 关键任务的风险分析及对策

企业在对自身进行人力资源的重新调整管理中,必然要承担一定的风险,可能会企业带来一定的损失或是不稳定因素,如新政策引起员工不满或是招聘失败等问题,公司的正常运行很有可能会受到这些因素的影响。因此,企业所进行的风险分析就是通过风险识别、风险估计、风险驾驭、风险预警和监控等活动,使相关风险的危害得到防范或弱化。

企业在编写完成所有的人力资源计划之后,还应该同内部的相关部门进行积极的交流与沟通,然后根据各部门的所反馈的信息和结果进行认真的修改,当这些都完成之后才能最终提交给公司的决策层审议通过。

二、企业人力资源规划的实施

企业在实际实施人力资源规划时,需要遵循以下四个步骤,即实施、检查、反馈、修正。

(一) 实施

人力资源规划在具体的实施过程当中,需要注意以下两点,其一,要严格按照已经通过决议的计划执行;其二,在计划实施之前要做好充分的准备,在实施时要全力以赴。

（二）检查

在实施的过程中，必不可少的就是进行进一步的检查，如果缺少检查步骤，就会使人力资源具体业务计划的实施流于形式，或使实施缺少必要的动力。检查可以来自实施者的上级或平级，不能由实施者本人或下级执行。为了获得准确的信息，在检查前，检查者要列出检查提纲，明确检查目的和内容，根据提纲逐条检查并进行记录，检查后要及时与实施者沟通检查结果。

（三）反馈

在规划实施的过程中，还要注意企业内部和外部各方面的反馈信息，要保证反馈信息的真实性，只要获得真实的信息，才有助于人力资源计划的修正。反馈可以由检查者进行，也可以由实施者进行或两者共同进行。

（四）修正

人力资源规划是一个动态的过程。在规划实施的过程当中，要注意随时的检查，及时反馈实施的效果，然后根据反馈的信息及时修正原计划中一些不完善或是有漏洞的地方。只有正确及时地修正和调整人力资源规划的不足之处，才能确保企业总体目标的顺利实现。

第三章 工作分析与设计实务

第一节 工作分析的概念和作用

一、工作分析的概念和要素

(一) 工作分析的概念

工作分析是指组织对各类岗位的性质、任务、职责、劳动条件、劳动环境、员工资格等要素进行系统分析和研究，并以此为依据制定企业岗位规范行为，以及操作说明书的过程。

工作分析由两大部分组成：工作描述和工作说明书。

1. 工作描述

工作描述说明了某一工作职位的物质特点和环境特点，从构成来看主要包括以下几个要点。

（1）职位名称。职位名称是指组织对从事一定工作活动所规定的职位名称或职位代号，其基本作用是识别、登记、分类各种内容不同、性质各异的工作，并确定组织内外的各种工作关系。

（2）工作活动和程序。工作活动以及相关的程序主要包括任职者所要完成的工作任务、承担的工作责任、需要使用的原材料以和机器设备，此外任职者与其他人的正式工作关系、接受监督以及进行监督的性质和内容也是工作活动和程序所包含的重要内容。

（3）工作条件和环境。工作条件和环境主要包括员工的工作地点的气候、温度、光照、湿度、噪音、安全条件、地理位置等基本信息。

（4）社会环境。社会环境主要包括员工所在工作群体的人数、完成本职工作需要人际交往的数量和程度、各部门之间的关系、工作点内外的文化设施、社会习俗等等。

（5）聘用条件。企业聘用员工的主要条件是有：工作时数、工资结构、支付工资的方法、晋升的机会、工作规律以及是否能够获得进修的机会等等。

2．工作说明书

工作说明书的基本作用是用来说明企业的工作岗位对其从业人员的生理要求和心理要，主要包括以下几个方面的内容。

（1）一般要求。工作说明书的一般要求内容主要包括员工的年龄、性别、学历以及工作经历等等。

（2）生理要求。工作说明说的生理要求内容主要包括员工的健康状况、力量和体力、运动的灵活性以及感觉器官的灵敏度等等。

（3）心理要求。工作说明书的心理要求内容主要包括观察能力、集中能力、记忆能力、创造性计算能力、表达能力、性格、气质、态度、领导能力等等。

（二）工作分析的基本要素

1．任务

任务是工作活动中达到某一工作目的的要素的集合，是工作分析的基本内容。例如，裁缝制作一件衣服的基本任务就是把衣服缝制完成。

2．职责

职责是指某人担负的一项任务或多项相互联系的任务的集合，职责也是工作分析的基本构成要素。例如：人事管理人员的职责之一是进行工资调查，包括涉及调查问卷，发放问卷，统计结果得出结论，将结果反馈给调查对象等任务，在工作分析中组织一定要明确员工的岗位职责，避免工作中出现推诿扯皮的现象，保证员工的工作效率。

3．职务

职务是主要职责在重要性与数量上相当的一组职位的集合或统称。不同的组织其职务的数量和性质有很大的差异，企业应该根据组织规模的大小以及企业生产经营的具体情况合理进行职务设定。

4．职位

职位指一定时期内组织要求个体承担的一项职责或多项相互联系的职责的集

合。一般来说,职位与个体是一一匹配的,有多少职位就有多少人,两者数量相等。职务与职位有着紧密的联系,职位是职务功能实现的基础,职务领着职位的设置。

5. 职业

职业指在不同的发展时期和企业组织中,工作要求相似或职责平行(相近、相当)的职位的集合。职业与职位是部分与整体的关系。

6. 职系

职系指工作性质充分相似,但职责繁简、难易、轻重、大小及所需资格条件不同的所有职位的集合。职系又称为职种,每个职系都是一个职位升迁系统。

7. 职组

职组指工作性质相近的若干职系的集合。职组又叫职群,是工作分类中的一个辅助分类,并非工作评价中不和缺少的因素。

8. 职门

职门指工作性质相近的若干职组的集合。例如,人事行政、社会行政、财税行政和保险行政均可并入同一行政职门之下。

9. 职级

职级我们可以理解极相似职责的集合,具体是指同一职系中职责简繁、难易、轻重程度和所需任职资格条件充分相似的职位的集合。

10. 职等

职等指不同职系之间职责繁简、难易、轻重程度以及胜任该职位所需任职资格条件比较相似的职位的集合。职级的划分是对同一性质的工作差异的区分,形成职级系列,而职等的划分则是对不同性质的工作之间的异同点进行比较。

二、工作分析的作用

企业的工作环境十分复杂,想要在各种繁杂的影响因素中,准确地找到企业人力资源管理的关键点,需要有一个科学合理的工作分析系统。工作分析的重要性不仅体现在其为薪酬和绩效管理提供的帮助,还体现在其为人力资源管理决策提供的数据资料和信息。因此，工作分析也被认为是人力资源管理中的一个基本工具，并且经过多年的实践验证工作分析也确实可以起到这个作用。图 3-1 是一份显示工作分析对人力资源管理产生影响的示意图。

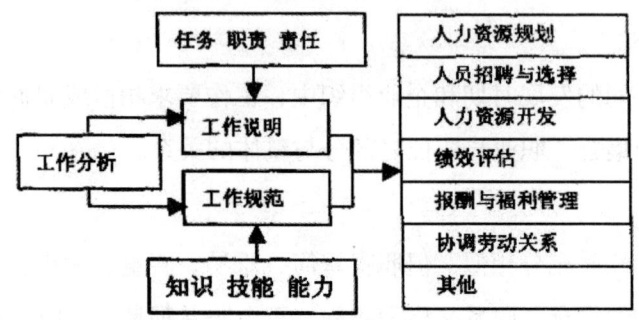

图 3-1　工作分析对人力资源管理的影响

（一）是制定人力资源规划的基础

工作分析不仅会对员工的工作进行定性分析，还会进行量化的分析，量化分析中所取得的数据资料，对企业制定与组织目标相一致的人力资源规划具有极为积极的意义。随着企业的不断发展，其岗位职责必然会发生不断的变化，旧的工作逐渐融入新的内容和时代元素，新的工作会不断产生，因此，企业的人力资源配置和工作分析并不是一个短期的工作，它需要准确及时的工作分析数据资料对人力资源规划做出长远的安排。如果企业需要一批新员工生产产品或提供新的服务，那么企业的人力资源管理人员就必须知道工作的内容与相应的职责，以及每项工作需要哪些不同的知识、技能、能力和个人特性都如指掌，才能保证科学合理地进行布局和规划，而这些信息的获得都要通过分析该方面的数据资料才可能得到。

（二）为企业合理用人及人力资源开发提供依据

工作分析完成后所编制的人力资源文件，比如我们经常提到的工作说明书，会对某类工作的性质、特征以及担任此类工作的员工应具备的职业资格、学历水平等基本的任职条件，给出解释和说明。企业编制人力资源管理文件可以帮助人力资源管理者明确选聘对象和标准，对其在招聘考评时，合理的确定面试内容具有重要的帮助，有效地保证了人力资源规划的针对性。

工作规范经过企业管理者的周密论证后制定的，其中包含的各种信息可以作为员工培训和发展提供目标，并且能够为企业人力资源开发的需求指明方向。一般来说，工作规范对工作人员知识、技能、能力等方面的要求客观明确的，因此如果某工作岗位上的员工与工作分析所取得的工作标准存在较大的差异，那么说明该工作岗位上的人员不具备所要求的条件或者其能力远远超过该工作岗位的要求。如果出现第一种情况，那么企业需要进行必要的培训和技能提高，如果出现第二种情况且人数较多企业应该对岗位规范进行的调整，如果人数较少应该对这些员工进行升职的奖励。

（三）有利于科学设岗位、明确岗位责任

工作分析在促进岗位设置的科学性、推行岗位责任制上主要有三个方面的表现。

1. 明确责任范围

工作分析可以有效地确定员工的责任范围，并且结合科学的工作任务量和效率标准，能够使员工的工作效率得到很大的改善和提高，职工由此可以借此明确自己在企业内的地位、任务以及与他人的工作联系。

2. 理清工作脉络

工作分析可以有效地明确各个岗位的职能与其他部门的关系脉络，从而有效的表面岗位或者部门职能重叠或遗漏现象，从而进一步调整组织、合理分工，明确岗位职责。

3. 改善工作环境

进行工作分析还可以了解个工作岗位的环境条件及安全程度，以便改善环境，制定安全措施，或对职工进行安全技术训练。

工作岗位设置的合理性和科学性，直接影响着企业的人力资源管理的效率和水平。因此，在一个企业设置那些工作岗位，设置多少个工作岗位，每个工作岗位需要什么素质的工作人员，都十分接依赖工作分析的科学结果。

(四) 为职工努力指明方向

工作分析明确了各项工作的性质、内容及任务，确定了工作的基本方法与要求，这就为制定工人的技术标准及职员的业务标准打下了基础。这些标准确定之后，职工就可按其要求，不断提高技术业务水平，从而朝着本职工作的最高目标攀登。

现在，无论在企业还是政府与事业单位，员工越来越注重自我工作能力的培养与发展，那么管理者就应该从员工与单位协同发展的角度来为员工设计职业发展规划，这也是构建激励机制的重要内容。工作分析能够明确界定每个岗位的具体聘任条件以及为达到聘任资格所需要的相关职业培训；所以说工作分析是员工个人职业发展规划的基础。

(五) 为绩效评估提供明确、可靠的标准

工作分析对工作进行了详细的描述，提供了工作的标准，在员工绩效评估中，工作分析所取得的这些标准是非常有用的。对员工绩效的评估，最主要的依据应该是员工对工作说明书中所规定的职责是否能很好地履行。如果对员工的绩效评估脱离了工作说明书的内容，显然是不公正的，也是不准确的，很大程度上渗入了个人偏见，具有较大的随意性和主观性，从而导致员工对评价结果失去信心。

企业的工作分析是将员工的工作性内容和工作方式等内容作为核心，通过分析和评定，帮助员工明确自己所在岗位的职能以及基本要求。企业人力资源考核的基础是员工个人的表现，即员工的工作态度和工作表现来判断他们是否符合职位需求的。通过上面的描述和介绍我们也可以看出，工作分析与人力资源考核并不是同一个概念，但是从二者的基本原则和要求来看是一致的。

(六) 有助于确定公平的员工薪酬

工作薪酬是对工作相对价值大小的一种体现。一般来讲，某一工作岗位的员工工资水平的确定，主要考虑工作相对价值的大小，工作的职责越重要，工作的价值就越大。工作的价值应该根据其对员工的要求来确定，如果工作要求员工有更多的知识、技能、能力，且工作的条件艰苦，安全程度一般等，那么，该工作应该说具有更大的价值。这些因素在工作分析中做了清楚的说明，工作分析所取

得的工作描述与工作规范是测量工作价值大小的主要参考标准。

另外，工作分析所获取的信息，为员工的晋升、调动和降职的决策提供了更为客观的依据。

第二节 工作分析的过程与方法

一、工作分析的过程

工作分析是一个科学认识事物、分析事物，并且具有严密的系统性和逻辑性的思维过程。工作分析包括准备、调查、分析、完成是工作分析的四个阶段，缺少任何一个步骤，工作分析都不可能顺利地完成。我们从各阶段之间的关系出发来看工作分析的整个过程，可以发现这几个阶段并不是孤立存在的，而是"你中有我，我中有你"，共同统一于工作分析整体的整体目标。工作分析的步骤或流程图见图3-2所示。

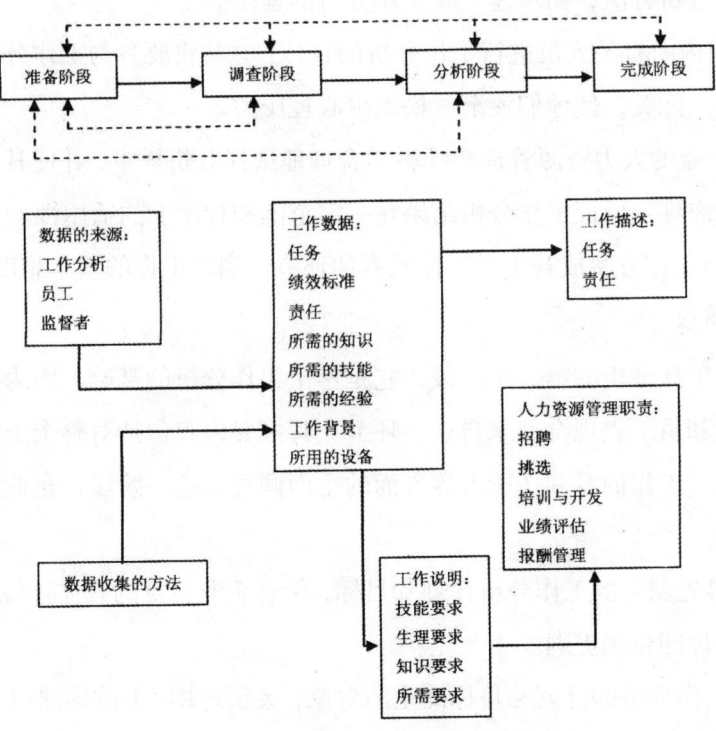

图 3-2 工作分析流程

企业人才培养与现代人力资源管理

（一）准备阶段

准备阶段也叫计划阶段，它是工作分析的第一步，主要的任务是对工作分析进行全面的设计，为其顺利实施进行合理的布局和规划。一般来说，企业在工作分析的准备阶段主要的工作包括：确定工作分析的组织、样本及规范，以及建立关系等工作。具体工作如下；

（1）在企业的号召和组织之下成立工作分析小组或委员会，并确认工作分析专家、人力资源专员、部门负责人、岗位职位为基本成员。

（2）制定基础性规划条款，根据企业的实际状况确定工作分析小组开展工作的基本原则和要求。

（3）明确工作分析的目的、范围、时间、费用和执行者，并明确各相关人员的职责和权限。

（4）确定所需信息的来源，保证信息的准确性和真是真实性，并选择科学的选择与运用工作分析方法，初步建立起工作分析的程序。

（5）在组织内向有关人员进行工作分析的宣传，并与将要参与工作分析的工员工建立良好的人际关，使他们逐渐放松减少心理压力。

（6）根据企业的人力资源管理实际科学合理地选择分析样本，并使其具有最广泛和最面的代表性，保证工作分析结果在一定范围和程度上的适用性。

（7）把各项工作分解成若干个工作元素和环节，确定工作的基本难度。

（二）调查阶段

调查阶段是工作分析的第二个阶段，它是整个工作分析的基础，因为工作分析的需要的数据和员工表现全部来自这一环节，其主要内容包括对整个工作过程流程、工作环境、工作内容和任职人等方面的全面调查。这一阶段，企业的任务主要有：

（1）根据事先制定的工作分析计划和目标，结合企业自身的具体环境，针对性选择和设计各种问卷和提纲。

（2）根据工作分析的计划和目标确定的对象，灵活运用不同的调查方法，比如问卷法、访谈法、关键事件法等。

（3）根据工作分析的计划和目标确定的分析要求，准确全面地收集有关各种数据。

（4）根据企业的岗位职能设置和职工的实际工作情况，收集并分析每个工作岗位任职者的适应情况。

（5）根据工作分析的计划和目标确定的工作目的，有针对性地对所收集的岗位工作特征、员工特征等信息和数据资料进行评定和分析。

（三）分析阶段

分析阶段是工作分析的第三阶段，也是整个分析工作的核心阶段，这一阶段企业主要主要对收集的数据和信息进行分析和评定。分析阶段企业的主要任务包括以下几个：

（1）以工作分析的目标为依据，仔细审核已收集到的各种信息；

（2）运用科学的方法创造性地发现所分析工作的关键要素；

（3）归纳工作分析总结的材料和数据。

（四）完成阶段

完成阶段是工作分析的最后阶段，也是工作分析得出结果实现既定目标的重要阶段，这一阶段企业会根据现有工作规范书，对工作分析过程中发现的不足进行修正，并且重新修订工作计划书。这一阶段企业的主要内容主要有以下几点：

（1）根据收集的有关的工作信息，草拟岗位描述书；

（2）将工作书中的内容与员工的实际工作状况进行对比；

（3）根据对比结果修正工作描述书；

（4）经讨论和研究定版工作描述书；

（5）成果应用，进行工作信息反馈，进一步改善员工工作。

（6）对工作分析进行总结评估，并将工作描述书和工作规范书进行归档保存，建立工作成果的管理制度，为以后的工作分析提供信息。

工作分析对企业人力资源管理目标的实现有积极的促进作用，作为人力资源管理的基础性工作，它为人力资源各个模块职能的实现提供了基本条件。分析—

—应用——再分析——再应用,企业的工作分析总是在这样一个动态循环中周而复始的进行。

二、工作分析的方法

根据组织的需要和进行工作分析所需内容的不同,可以采用多种不同的方式进行工作分析。

(一)工作实践法

工作实践法也被一部分专家和学者称为参与法,具体说就是工作分析人员通过直接参与某项工作,细致而深入地体验、了解、分析工作的特点与要求,从而完成工作分析的一种方法。实践法的优点是可以帮助一些有经验的员工认识到自己工作中不容易察觉的缺点。运用工作实践法进行工作分析,由于分析者可以直接、亲自体验工作,所以能获最为直接和得真实的信息,因此,可以最大程度避免因为信息传达的损失对分析结果造成的影响。实践法的不足在于,对于许多高度专业化的工作,没有经过专业能力培训的观察着很难真正参与其中。我们可以总结:实践法的最佳应用领域是工作内容简单,观察者短时间就可以参与其中的工作岗位;而需要进行大量的训练或有危险性工作的分析则不适合使用实践分析法。[①]

(二)问卷调查法

问卷调查法是一种基本的统计学方法,在企业的工作分析中也是最经常被用到的一种方法。工作分析的问卷调查从操作层面来说是指,调查的组织方采取调查问卷的形式来获取自己想要的工作分析的信息,实现工作分析的目的。问卷调查要求在岗人员和管理人员分别对各种工作行为、工作特征和工作人员特征的重要性和频次做出描述或打分评级,然后对结果进行统计与分析。

调查问卷的全面和适用性主要表现在以下几个方面:

(1)不仅适用于各种职务调查的问卷,又适用于针对某一专业岗位的问卷;

(2)既可以制作有效度、信度很高的标准问卷,又可制作以非标准化的问卷;

---

① 刘翠芳. 现代人力资源管理. 北京:北京大学出版社,2010,31.

（3）不仅适用于脑力劳动、知识工作者等人群，还有针对蓝领操作工人的调查问卷。

另外问卷可以分成工作定向问卷和人员定向问卷。工作定向问卷强调工作本身的条件和结果；人员定向问卷则集中于了解员工的工作行为。

问卷调查法的优点：

（1）费用低，速度快，节省时间和人力；

（2）能够在业余时间让任职者回答，既不影响正常工作的进行，又不会耽误太多的业余时间；

（3）可以分析的样本量大，适用于需要对很多职务进行分析的情况；

（4）分析的资料可以数量化，由计算机进行数据处理。

缺点是：

（1）设计理想的问卷需要花费大量的时间、人力、物力和费用成本较高；

（2）问卷缺乏面对面的交流所带来的轻松、合作的气氛，缺乏对任职者回答问题的鼓励或支持等肯定性的反馈，不利于获得准确而可靠的信息。

（三）实地观察法

实地观察法是一种比较传统的工作分析方法，具体来说是指在工作分析的观察者在员工工作的现场运用感觉器官或其他工具，对该岗位员工的工作过程、工作内容、工作态度、工作特点、工作表现、工作环境等方面进行观察，并用文字或图表形式记录下来，然后进行分析与归纳总结。简单地说就是，现场考察，记录分析。

实地观察法的使用原则：

（1）工作分析观察员的工作状况要稳定，即在一定的时间内，其工作内容、工作程序等不会发生大的变化，这是保证实地观察法取得公平分析结果的基础因素；

（2）实地观察的最佳应用领域是大量的、标准化的、周期较短工作以及体力工作，脑力工作则适合采用这一方法。

（3）工作样本的选择对所工作分析结果的可靠性具有重要的影响，因此企业要科学确定工作样本；

（4）观察人员要在自然的工作状态下对员工进行观察，即尽力观察活动对观察对象的影响。

（5）观察前要有详细的观察提纲和行为标准，使得观察能及时准确。

（6）明确观察对象，把重心定位于任职者的工作，而不是任职者本人。

（7）选取进行同一工作的多个不同对象，分别进行观察、记录已证实工作的内容，避免片面性。

实地观察法的优点是，通过考察小组成员对工作的直接观察，可以让研究者得到更深刻的认识和体会；缺点是，如果考察的对象是脑力工作，那么观察也只能获得有限的真实资料。所以，一般情况下实地观察法仅仅适用于了解工作的环境条件、危险性和使用工具设备的情况，以及操作性工作岗位的工作调查。实地观察法，还有一个局限支出是其调查的结果难以用数据进行准确的描述，虽然有一部分观察性资料可以用约数形式表示，但这样的数量表示一般仅限于经常性和百分比，观察的大部分是以文字的形式表示，不利于统计分析。

（四）面谈法

面谈法还有一个称呼是采访法，是指工作分析者请工作者讲述他们自己所做的工作内容，为什么做和怎么做，以此来获得所需的信息。由于面谈法操作比较简单，因此得到了普遍的应用，虽然它没有卷调查法那样完善的结构，但是其互动性和信息的交换效果要优于问卷调查，因此在了解任职者的工作态度与工作动机等较深层次的内容上是其他调查方法难以比拟的。

面谈的程序大致可以分为两种，即标准化面谈和非标准化面谈。一般情况下，应用时以标准化访谈格式记录，目的是便于控制访谈内容及对同一职务不同任职者的回答进行相互比较。

面谈法主要围绕工作目标、工作内容、工作的性质与范围以及所负的责任四个方面进行。

一般来说，面谈法的主要优点包括：

（1）获取信息更全面，既可以获得标准化工作的信息，也可以获得非标准化工作的信息；

（2）应用范围更广泛，既可以获得体力工作的信息，也可以获得脑力工作的信息；

（3）调查具有深度，由于工作者本身也是自己行为的观察者，因此，他可以提供外人不易观察到的情况。

面谈法的主要缺点是：

（1）面谈需要专门的技巧，工作分析专家一般都要接受专门的训练；

（2）耗时多，成本高；

（3）由于工作者的不肯合作和工作分析者问一些含糊不清的问题，会导致收集到的信息失真。

（五）关键事件记录法

关键事件法又称关键事件技术，它最早应用是第二次世界大战中期间，并且当时是作为一种识别调查方法来应用的。关键事件记录法的创始人约翰·弗拉纳根对其基本原理进行了这样的描述"工作分析程序的主要目标应当是确定关键性的要求。"大量的实践经验表明，许多情况下对完成分配工作的某个重要部分的要求决定着结果是成功还是失败，关键事件记录法的基本着眼点就是这些工作要求和目标。

关键事件是指在既定的工作目标下，导致员工工作成功或失败的行为特征或事件。从这一点我们不难看出，关键事件记录法的实行基础是明确的工作目标和工作任务。工作分析法的基本要求是，进行工作分析的分析人员、管理人员、本岗位员工，必须将工作过程中的各种关键事件（积极的和消极的）详细地加以记录，在大量收集信息后，对岗位的特征和要求进行分析研究。

关键事件记录包括：导致事件发生的原因和背景，员工特别有效或多余的行为，关键行为的后果，员工自己能否支配或控制上述后果。

一般来说采用关键事件法应注意以几个问题：

（1）关键事件应具代表性，对同岗位的工作改善具有指导意义；

（2）关键事件的数量和类型要实事求是，就是说发生多少、发生什么就是什么；

（3）关键事件的表述言简意赅、清晰、准确；

（4）对关键事件的调查要全面，不仅要有积极的，也应该包括消极的。

关键事件记录法的主要优点包括：

（1）关键实践可以反映出员工处理工作的整个过程，具有完整性和动态性；

（2）着眼于工作行为，客观公正。

缺点是：

（1）收集、归纳事件工作量大，耗时长；

（2）如果关键事件选择不当，很难对保证其适用性；

（3）遗漏了平均绩效水平。

（六）实验法

实验法是用生理的、医学的以及心理学的测定方法，对工作进行计量测定的分析。实验室实验法和现场实验法是实现法的两种基本形式，二者的主要区别是实验场地的不同。

在实验法的运用中应注意以下原则：

（1）尽可能获得被试者的配合；

（2）设计要严密，具有科学探索精神；

（3）变量变化要符合实际情况；

（4）是要有友好安全，不能对被试者产生伤害。

实验法科学、严密具有严密的逻辑性和代表性，缺点是周期长、费用高。

（七）日记法

日记法是由任职人员自己记录下每天活动的内容。日记法的基本操作是，通过制定企业制度使任职者将自己的工作内容和工作过程按时间顺序进行详细记录，经归纳、整理，完成工作分析工作。日记法运用得当，不仅可以获得准确的信息和数据，还可以帮助员工养成自我总结和自我提高的工作态度。日记法的缺点是：

（1）信息的内容比较零乱，没有内在的逻辑关系，难以整理；

（2）员工受个人主观因素影响较大，会刻意夸大自己工作的重要性；

（3）加重员工的负担。

（八）专家讨论法

专家讨论法是指一些相关领域的专家或者经验丰富的员工对工作分析进行共同讨论的方法。这种方法适合于发展变化较快或者职位职责还未定型的企业。由于企业还没有现成的观察样本，所以只能借助专家的经验来规划未来希望看到的职务状态。

上述工作分析方法，并不是孤立存在的，可以结合起来使用，以取得丰富的信息，并提高所收集信息的信度和效度。

第三节　工作岗位评价与工作分析面临的挑战

一、工作岗位评价

（一）工作岗位评价的原则和信息来源

工作岗位评价的原则主要有以下三个：

（1）工作岗位评价是针对工作岗位本身的评价；

（2）保证员工的参与和互动，保证评价结果的可接受程度。

（3）工作岗位评价的结果应该公开。

（二）工作岗位评价的信息来源

1. 直接信息来源

直接信息来源是指企业通过直接组织企业岗位巡查，在实地了解企业工作、工位职能实现程度的前提下采集有关数据和资料。直接信息来源的优点是可以保证所获取岗位信息的真实性和可靠性，因为资料都是观察者的亲身体验；不足之处是需要投入大量人力、物力和时间，提高企业的经营成本。

2. 间接信息来源

间接信息来源是指企业通过工作说明书、岗位规范、规章制度等人力资源管理文件企业的工作对岗位进行评价。间接的信息来源的优点是信息的获取时间和周期比较短并且费用比较低；缺点是信息杂乱、简单、零散，这些粗糙的数据会降级分析成果的可靠程度。

（三）工作岗位评价的主要步骤

1. 岗位分类

在企业进行岗位评价之前，应该按岗位的工作性质，将其分为类。例如，按照工作性质的不同将其区分为技术岗、管理岗、营销岗和生产岗四大类。一般来说，岗位类别层次的多少，应视企业的生产规模、产品繁杂程度等具体情况而确定。

2. 收集信息

收集信息是工作岗位分析最重要的环节之一，如没有足够的信息作支持，工作分析不可能完成。一般来说，所需收集主要包括以下几个方面：

（1）过去的相关数据资料；

（2）当下的数据资料；

（3）文字性资料；

（4）数据、音频、视屏等非文字性资料。

3. 成立评价小组

建立工作岗位评价小组并组织岗位分析和评价专家参加，制定具体的工作岗位评价计划，确定详细实施的行动方案和实施细则。对评价小组的成员进行评价工作培训，帮助他们系统地掌握工作岗位评价的理论和方法，使他们都能独立、合格的完成自己的职责。

4. 指标说明

制定各项工作的考核的分析指标是完成整个岗位评价的基础环节。考核指标的确定并不是某个管理人员的个人意愿的体现，而是在广泛收集资料的基础上，通过科学的分析确定的。通常，指标还会附带详细的评判说明。

5．设计问卷和表格

表格和问卷是企业获取相关信息的主要途径，通常情况下，这些工作都是评价专家小组经过集体讨论，构建其工作岗位评价的指标体系，并规定统的衡量标准，设计各种调查问卷和表格。

6．试点试行

试点运行是指分析人员根据企业的人力资源管理状况选择几个具有代表性的岗位作为分析的试点现行实施，以便观察和确定评价体系是否科学。试点试行可以最大限度地减少工作分析了带来的负面效应，因为发现不足后可以在不影响工作的前提下对工作分析进行修改和调整。

7．落实计划

落实工作岗位评价计划包括岗位测定、资料整理汇总、数据处理分析等具体的工作过程。一般来说，企业在落实工作计划后，会撰写岗位评价报告书。

8．分析总结

岗位评价工作进行全面总结，以便汲取工作岗位评价工作的经验和教训，为以后岗位分类分级等工作的顺利开展奠定基础。

(四) 工作岗位评价的主要方法

1．选择排列法

选择排列法是排列法的一种新发展，一般来说可以按照以下几个步骤进行工作岗位评价。我们可以把公司的 10 个管理岗位进行分类，即：A、B、C、D、E、F、G、H、I、J。

(1) 按照岗位相对价值的衡量指标，如岗位的责任程度，从 10 个岗位中选择最突出的岗位，将其代码填写在排序表（如表 3-1 所示）第一的位置上，同时，选出程度最低或最差的岗位，并将其代码填写在排序表最后的序号位置上；

(2) 由于 10 个管理岗位中，相对价值最高与最低的岗位 D 和 B，已经被列入表第一和最后的位置上，第二步是从余下的 8 个岗位中，挑选出相对价值最高和最低者，并将其代码分别填写在排序表中第二和倒数第二的位置上；

（3）再从剩下的6个岗位中，选择出相对价值最高与最低的岗位，将其代码填入排序表中第三和倒数第三的位置上；

（4）以此类推，最后完成了该部门管理岗位的排序工作。

选择排列的优点在于提高了岗位之间整体的对比性，缺点是受评价人员的主观意识和自身专业水平的制约和影响比较大。

表3-1 选择排列法举例[①]

排序	1	2	3	4	5	6	7	8	9	10
岗位代码	D①	A②	C③	H④	F⑤	E⑤	G④	I③	J②	B①

注：表中的圈码表示选择的先后顺序。

2. 比较法

成为比较法，亦称配对比较法、对子比较法、平行比较法、两两比较法等。该方法要比上述的工作岗位评价法更加准确有效。

比较法进行岗位分析的其基本程序是：

（1）将每个岗位按照所有的评价要素与其他所有岗位一一进行对比，如表3-2所示；

（2）将各个评价要素的考评结果整理汇总，求得最后的综合考评结果。如表3-3所示。

表3-2 成为比较法：岗位责任要素评价表[②]

岗位代码	A	B	C	D	E	F	排序
A	0	+	+	+	+	+	6
B	−	0	+	+	+	+	4
C	−	−	0	+	+	+	2
D	−	−	+	0	+	+	3
E	−	+	+	+	0	+	5
F	−	−	−	−	−	0	1
汇总	−5	−1	+3	+1	−3	+5	

注：①用表纵列上岗位与横行岗位对比，以横行的岗位作为对比的基础，如果比本岗位（例

[①] 中国就业培训技术指导中心组织编写．企业人力资源管理师（三级）．北京：中国劳动社会保障出版社，2007：245．

[②] 中国就业培训技术指导中心组织编写．企业人力资源管理师（三级）．北京：中国劳动社会保障出版社，2007：245．

如 A 岗）责任大（或高或重）者，划上正号"+"，如果比本岗位责任小（或差或低）者，划上负号"-"。

②本表是以横行的岗位作为对比的基础，如果以纵列的岗位作为对比的基础，所得出的结果正好相反。

表 3-3　成对比较法统计汇总表[①]

工作岗位评价要素	A	B	C	D	E	F
1．岗位责任	6	4	2	3	5	1
2．劳动强度	5	6	1	2	4	2
3．知识水平	6	5	4	2	3	1
4．技能要求	5	4	6	3	2	1
5．劳动环境	5	6	1	4	3	2
6．社会心理	6	5	3	2	4	1
排序号汇总	33	30	17	16	21	8
岗位级别由高到低排序	6	5	3	2	4	1

从上述比较过程来看，工作岗位评价人员将按照事前制定的评价指标，对需要评价的每个岗位两两对比，然后根据所得到的结果和评分，按照评价值的大小排列出各个岗位的高低顺序。

成对比较法是在同一时间内仅在两对岗位之间进行比较，结果全面准确，但是如果涉及的岗位过多，虽然此法操作简便，但是工作量会成倍地增加，因此其最佳适用的范围是小规模的岗位分析；当一个部门的岗位数目很多时，成对比较次数会明显增加。因此，该方法更适合于较小范围内的工作岗位评价工作。

排列法的主要优点是简单、容易操作、省时省力，适合于规模较小、生产单一、岗位设置较少的企业。其缺点是评价标准太宽泛，很难避免主观因素的影响；要求评价人员对每个岗位的细节都非常熟悉；只能排列各岗位价值的相对次序，无法回答岗位之间的价值差距。

3．分类法

分类法也是岗位分析中常用的一种方法，其具体含义是按一个假设的量表，把工作岗位划分为几个类别，每个类别常有明确的界限，加以说明，并根据所判

[①] 中国就业培训技术指导中心组织编写．企业人力资源管理师（三级）．北京：中国劳动社会保障出版社，2007：246．

断的岗位的整个价值与几种分类描述的关系,把一种工作岗位划分为特定的类别。一般来说此方法需要有工作说明书和岗位等级的说明,其工作程序是:

(1)进行岗位分析并做出分类;

(2)确定岗位类别的数目;

(3)对各岗位类别的各个级别进行定义。

分类法是一种简便易理解和操作的岗位评价方法。这种方法的灵活性较强,在组织中岗位发生变化的情况,可以迅速地将组织中新出现的岗位归类到合适的类别中去。其缺点是不能清晰地界定等级;岗位之间的比较存在主观性,准确度较差;成本较高。适合于各岗位的差别很明显的企业或公共部门和大企业的管理岗位。

二、工作分析面临的挑战

(一)"以工作为中心"的传统工作设计

工作设计始于科学管理,最早提出工作设计理念的是泰勒、吉尔布雷斯夫妇,他们通过对工作分析的研究应用"时间——动作研究"法,系统考察了不同类型的工作,并通过对这些考察做出的分析,对传统的工作进行了重新设计,以充分激发员工的潜能,最大限度地提高工作效率。在工作设计研究之初,其主要内容是针对工作本身的相关因素,比如企业完成任务应该使用的方法,企业员工之间的沟通协作、科学合理的工作流程,并针对性地完成工作地点的布局,确定任务的标准、人与机器的关系等。这种"以工作为中心"的工作设计确立了工作设计在管理活动中的基础。

这种工作设计我们称为传统工作设计,其思想基础是"经济人"的假设,核心观点是强调劳动分工对生产效率的作用,最大限度地保证经济利益和技术发展的合理性。传统工作分析观念推行以工作为中心的管理方式,这就要求企业必须把工作需要置于人的需要之上,即坚持"工作第一,员工第二"的工作设计原则,很显然这与当下"以人为本"的社会和经济发展思路不相符。

(二)"以人为中心"的现代工作设计

传统的"工作为中心"的工作设计在人力资源发展的过程中起到了重要的作

用，时至今日仍然能够在提高工作效率方面有不俗的表现，但由于其重点是专业化分工及操作的标准化、简单化，强调流水作业，所以在提高工作效率的同时，也使工作本身变得支离破碎，并且如意引起员工的疲劳感和厌倦感，这会进一步加深员工改善工作质量的要求与企业工作制度之间的矛盾。随着广大员工个人素质、文化水平的不断提高，他们对工作环境工作质量的要求不断增高，但是在传统的工作设计模式下人们期望从工作中得到的满足与实际得到的差距越来越大，最终会导致员工的离开。特别是随着社会经济不断发展，择业变得越来自由，员工获得的工作机会也越来越多，人们不像过去那样守着一份工作干到退休，更不能忍受枯燥工作带来的苦恼，人们开始寻求可供自我满意的工作形式。对现有工作的不满，导致员工的离职、厌倦、沮丧、疏远和怨恨，直接影响企业效益水平。员工缺勤率高，完成任务质量差，甚至故意捣乱、破坏会使企业蒙受损失，以服务质量为生命的旅游企业就更是如此。

一般来说现代企业因为生产经营的需要，出现了企业部门多、工种多、岗位复杂，各部门、各工种对员工素质、能力和技能的要求各不相同的复杂状况。因此企业人力资源管理部门不仅需要根据企业经营目标，合理设置相应的机构、岗位，对各机构不同的岗位进行工作分析，制定相应的岗位责任与工作标准，还要根据这些标准对企业员工招聘、选拔以及考核与调配做出相应的调整套，以保证每个岗位上的员工都能够达到岗位要求，做到人尽其才、事得其人。

第四节　工作设计与再设计

一、工作设计

（一）工作设计的含义

工作设计与职位分析有着密不可分的关系，二者就像一根藤上的两个瓜，虽然不一样但却有着天然的联系，并且从时间上看二者也几乎是同时产生的。我们可以从职位分析的结果中分析出目前的工作内容设置是否合理、当前的工作安排能否让员工有效地工作，如果不能，就应该对此进行一些补充和完善，有必要也需要对工作进行重新设置,这就是我们所说的工作设计。通过其上面的描述我们也可以发现,工作设计是在职位分析的基础上实现的。

工作设计是指根据组织需要,并兼顾个人需要对工作完成的方式以及某种特定工作所要求完成的任务、承担的责任、享有的权利和在组织中与其他职位的关系进行界定的过程。

工作再设计是指改变某种已有工作中的任务或者改变工作完成的方式的过程。

(二)工作设计的要求

1.全部工作的总和应能覆盖组织总任务

这一点是指组织运行所需要的每一项任务和具体要求都应该落实到职务要求细则中去,并在工作设计时有所体现。比如,企业为了保证工作进度,防止意外情况对正常的生产和经营造成影响,对于完成临时性任务,要提出"完成领导交办的其他事宜"的要求。

2.全部工作的总和应能保证组织总目标的实现

这一要求是指,组织运行所要达到的每一个结果、组织内每一项资产的安全和有效运行都要落实到具体的工作岗位上,不能出现没有人负责的情况。这是保证落实岗位责任制,保证组织的工作效率和组织总目标实现的基础。

3.工作设计应能够发挥员工能力、提高组织效率

充分发挥员工的工作能力,刺激员工的积极性,保证组织的工作效率这是要求工作设计全面权衡经济效率原则和员工的生理和心理上的需求,找到最佳的平衡点,保证每个人满负荷地工作。如果工作负荷过低,员工的能力得不到发挥、潜力难以被激发就会导致组织人力、财力和物力的巨大浪费。但如果超负荷工作,就会影响员工的身心健康,并可能会由于疲劳工作给机器设备带来不必要的伤害,给企业造成损失。

4.工作设计应该考虑到现实的可能性

除了以上三个要求外,组织进行设计是还应充分结合与考虑企业所处的内外环境,保证所制定计划的可操作性。比如,一个企业需要一名高级财务主管,要求他既能处理国际财务问题,又能做出风险小的投资决策。这就要求既要考虑企业内有无适合人选,又要考虑在社会上公开招聘需要花费的代价,在二者中权衡利弊。如果企业能够找到这样的人那么就不存在操作性不足的问题;如果因为资源约束,一时找不到合适的人员,企业应该考虑适当修改职位要求的细则,保证自己的工作设计能够推行。

(三) 工作设计的内容

工作设计主要有以下六个方面的内容:

1. 工作内容

工作内容是工解决工作范畴的问题的基础,一般来说工作内容主要是确定工作种类、工作自主性、工作复杂性、工作难度和工作完整性等开着工作的基本问题。

2. 工作职责

工作职责主要是关于工作本身的描述,包括工作责任、工作权限、工作方法、协作和信息沟通。工作职责是明确岗位责任制,保证员工工作质量和工作效率的基本要素,在工作设计中占有重要的地位。

3. 工作关系

工作关系主要是指工作中人与人之间的关系,包括上下级之间的关系、同事之间的关系、个体与群体之间的关系等。工作关系属于员工环境的一部分,不同于客观环境,人际关系环境的好坏主要依靠的是员工之间的交流和认识,企业进行工作关系设计主要是为员工的交流提供一个便利的平台。

4. 工作结果

工作结果是指工作所提供的产出情况,包括工作产出数量、质量和效率,以及组织根据工作结果对任职者所作出的奖惩。工作结果的好坏直接关系着工作质量的高低,以及企业目标的实现。

5. 工作结果的反馈

工作结果的反馈是指任职者从工作本身所获得的直接反馈以及从上、下级或同事那里获得的对工作结果的间接反馈。

6. 任职者工作反馈

任职者的反映是指任职者对工作本身以及组织对工作结果奖惩的态度，包括工作满意度、出勤率和离职率等。企业如果想要留住优秀的人才，付出高新是一个方面，另一方面企业还要保证员工自身价值实现以及人之愉悦度等，而要做到这些需要员工的工作反馈。

二、工作再设计

工作再设计本质上与工作设计没有区别，是指企业的工作设计在运行一段时间之后，在原有的工作设计基础之上对岗位设置、职务职责等内容进行的改进性的思考和设计。从目的上看企业进行工作的再设计是为了进一步提高员工的工作效率；从内容上来看，工作再设计是对企业对原有工作设计的补充和完善。企业通过工作和职务的再设计可以实现人力资源配置的进一步优化，为员创造更多的发展机会、增强员工工作的适应能力、提高员工工作效率，并改善企业的工作管理环境。企业工作再设计的实质是对现有工作规范的认定、修改或对新设置岗位的完整描述。

随着组织管理理论的发展和学科交融趋势的强化，研究组织的人和管理组织的人都对工作设计很感兴趣，因为工作设计作为一种改善企业工作的手段，可以有效地提高工作者的工作满意度，激发工作动机和潜能，改善工作绩效，为企业总有战略目标的达成做出贡献

（一）工作再设计的方法

1. 工作轮换

职位设置的高度专业化可以为企业提供更高的劳动生产效率和利润水平，但是高度专业化的能力要求和劳动轻度可能会引起员工的不满，为了缓解员工对高度专业化的这种不满情绪，可以在允许的条件下，以"一专多能"为目标，采用工作轮换的方法。

工作轮换是指在工作流程不受较大影响的前提下，将员工从一种工作岗位换到另一种工作岗位。我们应该认识到，工作轮换这种工作设计的方法并不会改变工作设计本身，其主要的目的为了缓解员工对过分专业化的单一重复性工作所产

生的厌恶感。一般情况下，在生产流程短期内难以发生变化的情况下，员工在不同岗位上轮换操作，有助于为员工提供一个发展技术和较全面的观察和了解整个生产过程的机会，并创造"一专多能"的有利条件，这不仅可以在一定程度上降低员工的厌恶感，还可以为员工自身未来的发展提供更为广阔的空间。如果因为企业经营性质和产品生产特点的原因造成企业的工作轮换难度较大，企业应该致力于使工作更具有挑战性，并使员工有更强的适应能力，为将来工作发生实质性变化做好准备。

在管理人员的轮换更多地体现为一种学习和培训过程，这是因为管理人员在轮换过程中会全面增加对企业的了解，积累下经验，这对于协调他们的调节人际关系，为以后晋升提供了一个很好的准备机会。在日本企业中，共轮换是一种被广泛应用的工作制度，从效果来看这种轮换对管理人员的培养发挥了积极的作用。

2．工作扩大化

工作扩大化是指通过企业通过工作设计，增加工作内容，使员工的工作变化增加，并且这种变化往往伴随着对工作能力增强的要求，这种内容丰富、挑战性较强的工作制度可以有效地激发员工的工作兴趣，促进其潜能的开发。工作扩大化的设计方法，其特点是横向扩大工作水平与工作条件相似的工作范围，使员工的工作内容多样化。每个员工不仅在某道工序工作，而且还要参加相似的、邻近的、前道的、后道工序的工作。这种方法并未改变员工的工作性质，只是使员工做更多工种的工作。

3．工作丰富化

工作丰富化是一种使员工明确工作意义、取得工作自主权后运用多种技能去全面完整地完成工作任务并得到反馈，从而提高员工积极性的一种方法。工作丰富化可以为员工创造更广阔的自我发展空间，为员工提供更大的发展平台，成功机会的增加会促使员工积极地去面对工作中的新挑战。赫茨伯格的双因素理论是工作丰富化的理论来源。赫茨伯格认为"当工作中缺乏保健因素时，员工会产生不满情绪，而保健因素增加时，员工的不满情绪虽然会被消除，但并不会产生对员工的激励。当涉及工作内容本身的激励因素（如工作的挑战性、自主性、责任、成就等）增加时，会提高对员工的激励水平和激励效果，使员工能取得较高的工作绩效。"

工作丰富化是可以看作是对工作内容的深化和拓展，因为这一变化不仅大大丰富了员工个人的工作内容，而且跳出了岗位与任务框框的约束，使员工能够更全面地了解整个生产过程与市场情况，增强其大局观。从这段描述中我们也可以看出，工作丰富化的概念不同于"一专多能"的以技术因素为主的工作设计方法，其最大的特点和优势在于丰富的工作内容大大增加了企业管理因素与组织文化因素在工作中的活跃程度。

一般来说工作丰富化主要有以下几种操作方法：

（1）创造与产品消费者接触的机会，让员工了解并尽快满足用户的需要；

（2）在工作设计中留出机动岗位，使员工能自行安排工作进度；

（3）实行弹性工作制，增加灵活性，提高工作生活质量；

（4）组合工作任务，使员工能从头到尾装配一个完整的产品等。

工作丰富化的核心是体现激励因素的作用，其指导思想与设计理念与传统的单纯性的工作设计方法具有很大的产别，比如费用的增加，但是我们应该看到员工的价值观、成就感发生的实质性变化。

总之，工作设计的一个发展趋势是从物的设计到人的设计，从硬件的设计到软件的设计，从个人特征的设计到团队特征和组织气氛的设计。

（二）职务特征模型

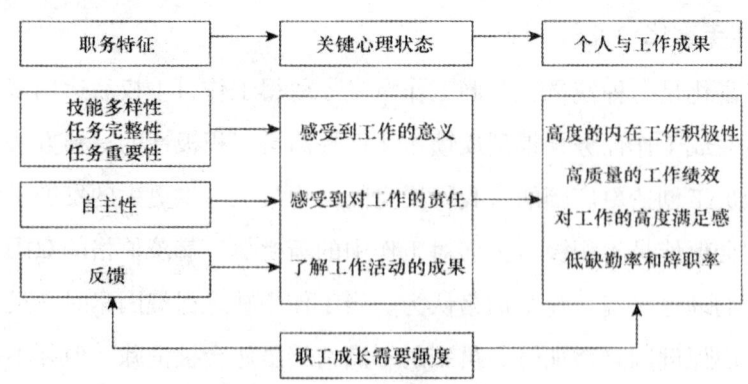

图 3-2　职务特征模型示意图

第三章　工作分析与设计实务

图 3-2 向我们展示了职务特征模型各要素之间的基本关系，粗略来说任何职务都可以用职务特征模型中的五项核心要素来描述：

（1）技能多样性，是指员工具备的可以做好不同工作的差别化工作技能。

（2）任务完整性，指员工参与整个工作流程，从事完整工作的机会。

（3）任务重要性，指企业的工作设定对其他人的生活或工作的影响程度。

（4）自主性，指决定增加工作方式的机会。

（5）反馈，指企业的工作设计能否使员工方便快捷的获取工作绩效信息。

在这五项核心要素的影响下，大致可以让人产生三种不同的心理状态。

（1）技能多样性、任务完整性和任务重要性可以让员工充分感受到工作的意义和发展前景；

（2）自主性使员工感受到自己工作的责任；

（3）反馈可以使员工详细了解自己的工作成果。

这三种心理状态将产生四种结果：高度的内在工作积极性、高质量的工作绩效、对工作的高度满足感、低缺勤率和辞职率。

职务特征模型为企业工作再设计提供了以下建议：

（1）合并任务。合并任务是指企业在专门化的任务和工作设计为基础之上重新对工作的内容和任务进行设计，最终合并成新的、广度较大、工作内容更丰富的工作模块。企业通过任务合并的设计可以有效地增加技能的多样性和任务的识别程度。

（2）建立自然的工作单元。与其运营过程总发现的不足组成可识别的、具有更深层次的意义的完整工作。采取这种做法的目的是提高职工的自豪感，使职工感觉到工作任务重要性和对企业的意义。

（3）建立客户联系。通过工作再设计建立起员工与客户之间的联系，不仅可以让职工知道顾客在使用他们生产的产品和提供的服务，并且能够增强员工工作的责任感。因此企业应该尽量创造机会只让职工和客户建立直接的联系，这样既可以提高职工的技能多样性和自主权，又可以增强产品生产者和需求者之间的联系。

（4）垂直扩展工作。将只有经理才有的责任和控制权交给职工。这样的工作设计可以提现企业出企业对员工的重视，能够有效地消除隔阂，并且同时提高职工对企业事物的参与热情。

（5）开放反馈渠道。通过增强反馈，职工不仅知道他们的工作绩效，还知道工作绩效是提高了、变差了，还是停留在原来的水平。最好能使职工直接获知，而不是通过主管偶尔得知。

第四章 现代企业人力资源招聘实务

第一节 企业人力资源招聘概述

一、招聘的含义

招聘是指在企业总体发展战略规划的指导下，制订相应的职位空缺计划，并决定如何寻找合适的人员来填补职位空缺的过程，其实质就是让潜在的合格人员对本企业的相关职位产生兴趣并且前来应聘这些职位。[①]

要想准确地理解招聘的含义，需要准确把握以下三个要点：

（1）招聘的目的是吸引员工，也就是说要企业人力资源管理部门在招聘阶段的任务是人才吸引到企业，至于如何选拔应聘者并不是招聘工作的主要内容，不要和录用混淆。

（2）招聘所吸引的人才一定要是企业需要的，这也就意味着招聘要把空缺职位的人员吸引过来，这一点可以作为对人力资源管理部门招聘工作质量的一个衡量标准。

（3）招聘活动吸引人员的数量应当控制在一定的范围之内，既不能太多也不能太少，应该与企业的需求量相适应。

二、招聘的原则

（一）科学客观原则

科学客观原则是指企业制定人员招聘计划时，应该充分考虑相关政策法规、劳动力市场的供求状况以及企业的客观需求，企业的人力资源招聘计划应该是建立在科学分析之上的客观结果。科学客观原则还体现在招聘过程中对招聘技术以及选拔方法的科学运用，充分结合心理学、行为学等科知识，不仅要选拔出符合企业工作需求的员工，还要充分发掘具有培养潜力的人才。

[①] 董克用，叶向峰. 人力资源管理概论[M]. 北京：中国人民大学出版社，2004，第167页.

（二）竞争透明原则

经过长期的实践检验，竞争市场是最有效率的市场，这启示我们当企业引进人员时，要充分发挥和利用竞争机制的这一特点。在企业招聘的竞争性方面我们可以从以下两个方面入手：

（1）制定具有竞争性的招聘条件，尤其对高级管理人才及关键技术人才要能体现出挑战性；

（2）促进应聘者之间的竞争，这样不仅可以保证应聘者在招聘过程中能充分展示自己的才能。

招聘的标准、要求、过程以及评审的标准的透明性在很大程度上影响着应聘者对企业招聘的公平性以及信誉度的认识，这样做还可以有效地避免不合格的应聘人员利用非正当途径进入企业。

（三）人力资源工作要与组织长期目标一致

在招聘过程中更要注重应聘人员的现有技能和所具备的潜质，使其与组织的主业和下一步发展相一致，使得组织在生命周期的任何阶段都有充足的后备人选。同时，对组织内现有的或将来的各个部门的人员配备做出初步的规划，做到统筹规划，综合引进，并充分利用现有的人力、财力，尽最大可能找到适合的人选。

（四）经济性、效益性原则

企业在招聘过程中需要花费大量的费用，但理想的人才对企业的贡献将远远高于招聘费用。所以，招聘时要坚持经济性、效率性原则，根据不同的招聘要求，灵活选用适当的招聘形式，用尽可能低的招聘成本录用高质量的员工。

（五）阶段性、连续性原则

个人的发展与企业的发展同样具有阶段性。在企业特定的发展阶段中，要有目的地吸收与企业成长阶段相适应的人才，做到量才录用、用其所长、人尽其才。因而，在招聘过程中，不一定要最优秀的，只有招到最合适的人选，才能使企业和个人都得到相应的发展。同时，随着企业的发展和市场的变化，以及人才市场的自然流动性，企业还要保持招聘的连续性。一方面为企业的发展提供人力资源，另一方面又使企业不断地增加新鲜血液，提高企业的市场适应性。

（六）稳健性、利用"外脑"原则

招聘要坚持稳健原则，提高成功率，采取积极措施增加成功的可能性。如估算招聘计划的成功概率，训练招聘人员，为招聘者提供相关的工作预览。必要时，可借助"外脑"，聘请有经验的专家及专业机构对应聘者进行选拔与评价。

三、招聘的影响因素

（一）外部因素

1. 国家政策与法律法规环境

国家政策与法律从客观上界定了企业人力资源招聘的选择对象和限制条件，是约束企业招聘和录用行为的重要因素。改革开放之前，我国实行全面包干的"低工资，高就业"的就业政策；改革开放后，实行"三结合"的自由就业方针，并对原有的劳动合同制进行了改革，使企业的招聘拥有了更多的自主性和灵活性，促进了人才的流动。

2. 社会经济制度

企业招聘制度逐步完善，招聘的方式方法日趋科学，并且随着民营企业的快速发展，其招聘方式和用人理念也对传统的招聘制度造成了很大的冲击。随着市场经济的发展，在国有企业人事制度也在逐步向市场化转变，企业的人力资源招聘都在朝着科学化、公平化、自主化的方向发展。

计划经济体制限制了人才的发展，人才供求双方的选择空间都很小。在政府分配工作的时代，企业接受大专院校学生，转业、退役军人，以及工作调动人员，这种人才选拔制度并不能真正地发挥出这些人才的才能，企业也难以从中受益。

3. 宏观经济形势

（1）通货膨胀影响企业人力成本。通货膨胀对招聘的直接影响体现在招聘的支出上。在通货膨胀的经济状态下，企业人力资源招聘的成本上升，另外，员工工资的上升也会影响招聘成本，制约招聘规模。

（2）宏观经济形势与就业率紧密相关。一般而言，宏观经济形势良好，则失业率低；反之，宏观经济出现危机，企业生产能力水平低，招聘机会少，则失业率高。

（3）政府对经济的宏观调控能力。政府通过制定相关的金融、税收等来影响和调节资本和金融市场，从而间接对企业以及企业用人标准产生影响，主要包括影响招聘规模、招聘范围、招聘标准等。

4．社会文化环境及风俗习惯

社会文化背景及企业所在地的教育状况、风俗习惯也会对企业的招聘活动产生影响。因为社会文化和风俗习惯影响的深刻性和长远性，受其影响的人们会形成带有明显社会文化价值倾向的择业观念，这些观念直接影响人们的职业选择甚至对教育的选择。

5．技术因素

企业的生产技术水平、管理手段以及企业生产的现代化程度等，都对企业的人才需求结构和类型有着极为重要的影响。技术进步对企业人员招聘的影响主要表现在对劳动力市场的影响，对人力资源招聘数量的影响以及对就业者素质要求的变化三个方面。技术进步对企业与应聘者双方的影响都是巨大的，企业在进行招聘时必须尊重这些客观事实，并且要科学预测这些因素的发展变化趋势，在全面认识和科学分析的基础上进行员工招聘。

6．劳动力市场与产品市场

劳动力市场是进行招聘工作的主要场所和前提条件，我可以劳动力供给数量与劳动力质量这两个方面来进行理解。

（1）从劳动力供给数量的角度来看，供不应求的劳动力市场会使招聘活动变得既困难又昂贵。

（2）从劳动力供给质量的角度来讲，劳动力需求方——企业会对求职者的素质提出具体要求，对求职者的需求的满足也有一个范围。

在劳动力市场上，不同类型人员的供求状况存在很大差异。一般来说，招聘岗位所需条件越低，劳动力市场的供给就越充足，招聘工作相对容易；招聘岗位所需条件越高，劳动力市场的供给就越不足，招聘工作就越困难。

（二）企业内部因素

1. 企业的发展战略

（1）企业战略类型影响招聘的数量。企业发展战略一般可以分为成长型、稳定型以及收缩型三种，不同的发展战略对员工的数量和质量都有所不同，企业应该根据自己所采取的发展战略结合自身的实际状况，科学确定自己的招聘规模以及招聘人员的数量。

（2）企业战略决策影响招聘的方法。采取不同战略类型的企业，应采用不同的招聘方法以满足自己对人才的特殊需求。防御型企业倾向于内部调配，通常采用内部提拔的方法；探索型企业中，倾向于高技术人才，通常采用雇用成熟员工的方法；分析型企业二者都有侧重，通常采取二者结合的招聘方式。

（3）企业战略选择影响招聘人员的素质与类型。不同发展战略的企业，招聘人员的素质和类型也有不同的要求。如选择多元化战略的企业需要招聘背景多样化的员工，选择国际化发展战略的跨国企业决定了其招聘来源的国际化。

2. 招聘职位的性质

企业人力资源招聘的主要目的是为企业储备人才和是填补职位空缺两个方面，一般以后者为主。通常来说空缺职位的性质由人力资源规划决定的空缺职位的数量和种类以及工作分析决定的空缺职位的工作职责所决定。空缺职位的性质是决定企业招聘数量和招聘范围的重要依据，并且它也是应聘者了解岗位职责，进行自我定位的重要依据。

（1）储备型人才要与企业发展战略相结合。储备型人才是为企业的发展进行的人才储备招聘，因此招聘标准不仅要符合企业发展战略，并且还要特别注重选拔人员的竞争能力和创新性。储备人才的招聘必须与企业长远发展目标相结合，谨慎选才，企业不仅要对他们的近期发展负责还要为他们的长远发展考虑。

（2）招聘普通工应考虑节约招聘成本。普通员工是企业人力资源的最主要构成部分，其特点是对员工素质要求不高、数量较多。劳动力市场也有在旺季和淡季之分，企业在旺季招聘不仅可以保证招聘的数量，还可以在一定程度上保证员工的素质并降低招聘成本。普通员工中有一部分会与企业长期合作，逐步成长为

企业人才培养与现代人力资源管理

中基层管理者；有些则流动频繁，难以持续在一个企业里工作，这也是企业在招聘时要充分考虑的一个因素。

（3）招聘特殊人才应多借助猎头公司和专业的评价中心。特殊人才是适合特殊行业的专业人才和身怀绝技的专业人才。特殊人才包括企业所需的一些经验充足的高级技工和经过特殊培训得到的人才，如航空公司的飞行员、学科带头人、技术发明者、高级广告设计师以及顶尖的建筑设计师或者服装设计师等。企业想要想获取这些人才，单靠企业的自己力量是不够的，大多数情况下需要借助著名的猎头公司和权威的评价公司协助才能完成对人才评价和引进的整个过程。

（4）招聘高层管理者必须综合使用多种方法。高层管理者对企业的发展至关重要，因为他们是企业发展方向的引领者，他们的称职与否与企业的前途紧密相关，身为管理者必须德才兼备并且能够带领企业历经风浪而不倒。在高层管理人员的招聘中，企业首先要确定招聘的范围，这是企业发现真正人才的重要保证；其次企业必须采用综合选才法，不仅要通过猎头公司、评价中心、企业内外的专家学者推荐，同时也要建立自己的人才挖掘渠道。

3．企业的用人政策

企业高层决策人员的人才观与用人政策不同，对员工的素质要求也就不同，从而导致企业的人才招聘策略也会存在比较大的差异。就一般情况而言，企业高层决策人员对企业内部招聘或外部招聘的倾向性看法，会决定企业主要采取哪种方法招收员工。

物质吸引是企业招揽和留住人才的重要手段，也就说企业的报酬及福利待遇水平高低对业招聘工作效率有着极为重要的影响，企业必须要引起重视。如果企业某一岗位的空缺时间很长，多次招聘都难以找到理想的人员，那么这是企业就要检查一下自己的薪酬和相关福利制度，是不是因为低于同行业的竞争者而失去了吸引力。

4．企业文化与形象

每个企业都有自己独特的企业文化，企业文化同时也是企业特有的竞争优势，在现在企业的经营中为企业文化越来越得到企业的重视。企业文化是企业全体员工在长期的生产经营活动中培育形成并共同遵循的最高目标、价值标准、基本信念及行为规范的总和。这种影响不仅体现在企业的生产管理之中，同时也渗透到了企业的用人思想上，企业的招聘标注一般的都会鲜明地体现出企业对员工价值观和文化观的要求。

一般情况下，当企业的开放程度低时，原有的企业员工会比较排斥外部人员，因此这类企业的填补职位空缺多是通过内部选拔和晋升填补；反之，企业则可以从内部、外部两个渠道来进行空缺职位的补充。

5．企业的招聘成本

不同的招聘渠道、招聘信息发布方式、选拔方法所需要的时间周期不同，花费的成本差异也很大，作为盈利的经济单位，企业不可能在人力资源招聘上不去考虑其成本，企业往往想在最少的资金投入下取得最好招聘效果。不同的招聘方法完成招聘所需要的时间不同，所需时间随着劳动力市场条件的变化而变化。在劳动力市场的淡季，求职者减少，企业的人力成本会生上升。因此，企业在进行人力资源招聘之前相关人员应做好预测，以保证企业在预定的时间内获得所需合格人员。

（三）应聘者因素

1．应聘者的职业定位

职业锚是指当一个人面临职业选择的时候，他无论如何都不会放弃的职业中至关重要的东西或价值观。职业锚的概念是美国学者沙因提出的，主要有五种。

（1）技术型职业锚。具有较强的技术或功能型职业锚的人往往不愿意选择那些带有一般管理性质的职业，倾向于选择能够保证自己在既定的技术或功能领域中不断发展的职业。

（2）自主型职业锚。属于这种类型职业锚的人希望自己摆脱那种因在大企业中工作而依赖别人的境况，追求的是最大限度地摆脱组织的约束。

（3）创造型职业锚。这种类型职业锚的人要求有自主权、管理能力，能够施展自己的特殊才能，喜欢创造属于自己的东西，创新性较强。

（4）管理型职业锚。有些人则表现出成为管理人员的强烈动机，这种类型职业锚的人将管理作为自己的最终目标，他们具有比较强的分析能力、人际沟通能力和情感控制能力。

（5）安全型职业锚。这种类型职业锚的人极为重视长期的职业稳定和工作基本安全，有体面的收入，退休后有保障，他们倾向于按照别人的指示进行工作。

2. 应聘者的主观偏好

不同求职者对同一因素存在不同偏好，不同的偏好影响了求职者应聘行为。如在市场工资水平一致、职业技能相同、个人财富总量相等的条件下，有的求职者选择轻松但报酬低的职业，而有些求职者则对货币收入的追求程度较高，则倾向于选择劳动强度高、责任重的全职工作以获取较多的收入。另外有的求职者偏重于选择劳动环境，表现出不同的偏好。

应聘者的家庭背景如家庭的经济状况、家长的职业、家庭教育等在很大程度上会影响其择业偏好，进而影响其职业选择，如艺术之家、教师之家、医生世家等都是家庭背景对择业影响的很好例证。

3. 应聘者应聘意愿的强弱

求职动机是指在一定需要的刺激下，直接推动个体进行求职活动以达到求职目的的内部心理活动。个人的求职目的与拟任职位所能提供的条件相一致时，个体胜任该职位工作并稳定地从事该工作的可能性较大。

显而易见，个人的求职目的与拟任职位所能提供的条件相一致时，求职者与拟任职位的匹配性就强，反之就会弱。求职强度高的应聘者容易接受应聘条件，应聘成功率高。反之，求职强度低的应聘者对应聘条件较挑剔，应聘成功率低。

4. 应聘者的职业倾向性

个体择业偏好决定着其择业倾向以及最终的择业决策。对于这个问题，美国约翰霍普金斯大学的心理学教授和职业指导专家霍兰德认为，人的职业倾向和社会职业都归为六种类型：现实型、常规型、社会型、艺术型、调研型、企业型。霍兰德的职业倾向理论认为，每个人的性格和天赋决定了其职业倾向，职业倾向是决定一个人选择何种职业的重要因素，同一类型的劳动者与同一类型的职业互相结合，便达到适应状态，这样劳动者找到了适宜的工作，其才能与积极性才能得以发挥。求职者个性特征各异，与个性特征相关程度高的职位会被认为是理想职位而努力求之，而且在相关程度高的职位上工作容易感到乐趣和内在满足，降低流动率。

四、人力资源招聘的基本战略

企业在进行人力资源的招募时，总的来说可以采取三种战略，即高薪战略、培训战略、广泛搜寻战略，并且各有优缺点。

（一）高薪战略

我们所说的高薪战略就是指企业在人员招聘时为空缺职位确定高于市场水平的薪酬，从而增强对求职者的吸引力，得到自己需要的人才。这种做法的优点是能够快速吸引到高质量的求职者，招募工作比较容易完成；存在的问题是，企业将来需要承担较高的人力资源成本。

（二）培训战略

培训战略是指企业对求职者的基本素质有要求，但是对工作经验却没有太高的要求，只要求职者的基本素质符合企业的要求，那么企业可以在正式雇用员工后对其进行适当的培训，以达到快速上岗的目的。培训战略的好处显而易见是能够快速获得符合要求的员工，因为培训战略对工作经验几乎不作要求；但是存在问题也很明显，即组织将来不得不分配一定量的企业资源对员工进行工作技能的培训。

（三）广泛搜寻战略

广泛搜寻战略的核心是既要求人才质量，又不需要支付较高水平薪酬的战略。就我国而言，虽然目前人力资源市场的劳动力十分充足，但是采用此种招聘战略的企业，进行人力资源招募工作的难度仍然很大。虽然有时候企业或许最终能够找到这种能力符合要求，同时薪酬水平要求也不是很高的人员，但是无论是招聘的时间成本，还是搜寻的时间成本都会很高，并且需要企业付出相当大的工作和精力。如果企业岗位出现空缺，并且由于生产经营的紧迫性，企业需要在短期内迅速填补职位空缺，这种战略显然难以达目的。

第二节 人力资源招聘的新特点

一、"以人为本"尊重应聘者

人力资源招聘的对象是人，人是企业招聘的核心要素，因此招募过程应该始终奉行"以人为本"的招聘理念。以人为本并不是一个新概念,在招聘中也早已有人呼吁,但是由于各种社会条件的限制并没有真正的落实。当前,随着知识经济时代的到来,人才已经成为企业获取核心竞争力的重要因素,企业也在招聘中也开始越来越多的关注应聘者以及潜在的应聘者,并且在行动上也开始更多地从应聘者角度出发,为其提供周到的人性化服务,包括让应聘者详细地了解企业信息、安抚落聘者,等等。例如,在招聘中会有很多企业把应聘者带回企业进行多次面试,这样做除了想更深入地对应聘者进行了解和考察外,更重要的是让应聘者了解企业,让应聘者自己体会并判断是否适合该企业。英特尔公司将"以人为本"的招聘理念贯穿在了整个人才招聘过程中,对应聘者给予充分的尊重,不仅赢得了员工的一致好评,也得到了社会的认可。

二、谋求企业文化的认同

人力资源招聘的另一个新特点是招聘单位越来越重视应聘者对企业文化的认同感,这一点不仅在招聘过程中体现并灌输企业文化,而且还体现在招聘人员在挑选应聘者时,极力谋求双方文化价值观念的一致。这样做的好处主要有以下三个方面:

(1)优秀的企业文化能够对优秀人才产生强大的吸引力;

(2)及时让应聘者了解本公司的企业文化,可以为应聘者判断将来能否适应该企业提供依据;

(3)向应聘者灌输企业文化,无形中把到职培训提前到招募甄选过程中,使公司的新进员工更早地适应本公司。

IBM公司一直都很注重员工对企业文化的态度,招聘人员在第一次与应聘者进行第一次面谈时,就开始把公司的管理哲学以及企业文化灌输给他们。总部设在得克萨斯州普拉诺的著名服务业公司EDS在进行招聘时,第一选择是那些课程和学生与公司文化相一致的大学作为招聘的目标学校。

三、真实职位预现

真实职位预现(Realistic Job Preview,简称RJP)是近年人力资源招聘出现的又一个新特点。真实职位预现这一招聘理念认为：企业的人力资源招聘人员需要给应聘者提供真实、准确、完整的有关职位的信息，这样做不仅可以最大限度地实现应聘者与企业的匹配，减少员工流失率，还可以在树立和维护企业形象上获得一定的效果。我们这里所说的真实、准确、完整有两个层面的含义：一是企业所提供信息描述的工作内容、工作的一般要求的真实和准确；二是职位的特殊要求以及职位本身的缺陷等信息不应缺失。具备这两层意义的招聘信息可以有效地帮助应聘者准确衡量自己是否适合该职位。

真实职位预现把招聘工作的地位从以往的战术层面提升到战略层面，因此，人力资源规划对其实现有十分重要的意义。美国的 EDS 公司的招聘工作在其人力资源规划的指导有序稳定的进行。在招聘过程中，EDS 公司会客观、全面地对招聘岗进行描述，无论是公司在其职业发展方面的规划以及公司未来的发展前景，还是一些可能会令应聘者不太满意的制度都包含在内。在这种积极、公平的人才策略的帮助下，虽然 EDS 公司所提供的报酬并不是行业内最高的，但其招聘的各个岗位的从业人员却都是业内顶尖水平。

四、网络招聘成为趋势

随着信息技术的发展和个人计算机的逐渐普及，网络招聘这种新型的招聘模式正在快速兴起，成为人力资源招聘的一个重要发展趋势。互联网具有信息量大、信息更新快、传播快、成本低等特点，而这些正是人力资源招聘所需要的特性，二者的结合顺应了彼此的需求和时代发展。与传统的招聘方式相比网络招聘具有以下几个优势：

（一）实现信息共享，提高招聘效率

网络招聘系统的使用使求职者的简历信息被共享，使更多的企业可以看到，这无疑大大地提高了人才筛选和利用的效率。

在传统的招聘模式下，通常由企业的人事部门（人力资源部）负责求职简历的分类与管理。当企业进行招聘时，人事部门会对自己保存的简历以及新投的简历进行初步筛选，并从总挑选出符合要求的候选人参加面试考核。如果申请者未

被招聘部门录用，那么很可能意味着他将失去工作机会。

在网络招聘中，有招聘需求的单位会在相关的网站上发布招聘信息，当然招聘单位也可以根据自己的招聘需求直接从网站的简历库中直接搜索符合条件的选项。对于求职者而言，将自己的简历登记在招聘网站上，既可以直接投递给自己中意的企业，也可以等企业来"发现"自己，大大地增加了自己求职成功的机会。通过上面的描述我们可以看出，网络招聘实现信息共享，既为招聘部门提供了更多的选择，也为申请者提供了更多的机会，大大提高了人力资源的利用效率。

（二）有利于建立起积极的和持续的双方联系

网络招聘借助网络进行可以充分利用其特有的优势。招聘单位可以随时在招聘网上发布招聘信息招聘更具灵活性，另外，求职者也可以随时申请职位，保证自己的选择空间。网络招聘利用互联网在求职者和招聘者之间建立了一座桥梁，使二者能够保持积极的和持续的联系。

（三）缩短招聘时间，减少了招聘成本

网络招聘极大地改变了招聘的运行模式和操作方法，因为在技术手段的帮助下很多招聘工作通过都是用过网络招聘系统自动完成的，这大大缩短了招聘时间，降低了招聘的时间成本。另外，相对于广告招聘、猎头公司等传统招聘方式而言，网络招聘在费用上处于更低的水平。

第三节　内部招聘与外部招聘

一、企业内部招聘

（一）竞聘上岗的操作规程

（1）企业需要通过竞聘上岗的岗位必须事先公布，使每个员工都知道。

（2）成立竞聘上岗领导小组，聘请一个或几个外部专家进行招聘的管理工作，其目的是为保证竞聘的公正、公开以及公开。

（3）所有竞聘岗位人员不能内定，并且严格遵守领导不能参与推荐、暗示的

基本原则。

（4）竞聘岗位均要有科学的完整的职务说明书，并公告员工知晓；应聘条件须具有普遍性，不能针对某些个体或小群体，应结合企业实际情况，确定合适的基本条件。

（5）要注意合理的控制岗位申请人的数量，可以在竞聘资格上进行合理的控制，以免出现某个岗位只有一两个人申请竞聘，而另一个岗位申请人太多的情况。

（二）内部竞聘的优缺点

1. 内部竞聘的优点

（1）内部竞聘可以充分激发员工的内在积极性。企业实行公平竞争的内部竞聘的招聘方式，可以让员工充分地感受到企业真正给自己提供了发展空间，这也使得员工愿意提升和经营自己，以使自己获得更大的发展空间。

（2）内部竞聘可以让员工迅速地熟悉并进入工作。通过企业内部竞聘获取的人力资源由于熟悉企业、同事以及领导，并且认同企业的工作环境和文化，因此在新的工作岗位上可以迅速进入角色，适应自己的新工作。

（3）内部竞聘可以保持企业内部的稳定性。企业的如果大量从外部招聘新员工尤其是管理岗位，可能会出现老员工对新员工的排斥现象，但是通过内部获取将优质人力资源补充到合适岗位时，则可以有效地避免这种情况的出现，可保持企业内部的稳定性。

（4）内部竞聘可以最大限度规避识人用人的失误。内部竞聘的人力资源获取方式获取的是企业内部的员工，由于企业对员工有较长时间的观察和了解，对其工作能力和性格点都有比较深入的了解和认识，因此能够将用人风险降到最低。

（5）内部竞聘可以有效降低招聘成本。一次大规模的公开招聘，需要企业投入大量的人力和物力，消耗相当多的时间和精力。如果企业采用内部竞聘的找平方式可以有效地减少工作量，省去大量的招聘准备工作，使人才获取的费用降到最小值。

2. 内部竞聘的缺点

（1）容易形成企业内部人员的板块结构。人员流动少以及内部晋升的途径和方法容易形成企业内部人员的帮派和板块结构。当内部晋升渠道畅通时，非正式组织想推荐自己小圈子的人员就成为一种必然。

（2）可能引发企业高层领导的不团结。用人的分歧历来是在企业高层领导中最容易引起断裂的分歧，因为这涉及权力的分配，涉及个人核心班子的组成和个人威信的提高。因此，当出现用人分歧时，企业高层领导原本存在的不团结因素会更加明显化，而这种状况的产生是内部获取过程中最大的损伤。

（3）缺少思想碰撞的火花，影响企业的活力和竞争力。企业不会因为内部获取产生思想碰撞，也不会由于这种碰撞出现的不平衡而引发深层思考和继续碰撞。

（4）企业高速发展时，容易以次充优。

不少企业为了规避识人与用人的失误，几乎所有的管理人员均由内部选拔。当企业高速发展时，这种由内部晋升的方法不仅不能满足工作的需要，而且"以次充优"的现象将会十分普遍和严重。

（5）营私舞弊的现象难以避免。由于彼此熟悉和了解，当一个崭新的机会来临时，不可避免地会出现托人情、找关系的现象，结果难以避免徇私情、走后门、官官相护或出现利益联盟的情况。

二、企业外部招聘

（一）企业外部招聘的主要方式

1．委托地区就业服务中心招聘

企业进行外部招聘可以到各地区就业服务中心进行委托，这种形式的招聘方式主要用于招聘企业基层人员以及半技术人员，文化程度以高中、高职（含）以下程度者为主。

2．报纸广告招聘

企业进行外部招聘可以在报纸上刊登招聘启事，通过这种方式招聘可以增强保证招聘信息的时效性，并且借助大众传播媒介进行信息传播可以最大限度地提高信息的传播效率和传播效果，但是这种方式的花费也是比较高的一种。

3．网络招聘

随着信息技术的发展以及个人计算机的普及，现在大多数的企业都开始在互联网招聘网站上发布自己的招聘信息，将企业的招聘需求与求职者的求职意向联系起来，从而找到合适的人才。互联网招聘的优点是能够保证招聘信息的时效性，并且招聘的方式也更加灵活。

4．猎头企业

对于一些非常重要的职位，一些在人才市场中竞争力较小的企业，可以向猎头企业求助猎头企业寻找合适的人选。猎头企业接受委托为企业招聘首先要了解企业的基本情况和用人需求，一般猎头都会与企业的高级管理人员及和高级员工进行会谈，在会谈之后猎头企业会有针对性地为企业寻找具备顶尖业务水平符合企业需求的人才。企业委托猎头企业进行人才招聘，需要想猎头企业支付一定的服务费。

5．高校招聘

高校招聘也叫校招，就是企业招聘人员直接走向即将毕业的高校学生，通过向学生提供本企业招聘信息，以此吸引即将踏出校门的毕业生来应聘。有些综合实力较强的企业会在大专院校的相关科系设置以自己企业名字或者企业文化核心观念命名的奖学金，以提高自己在学生和学校中的信誉和企业形象，使自己在校招时获得竞争优势，这也是校园招聘的一种竞争策略。

6．委托职业训练机构

按照性质的不同我们可以把职业训练机构可分为公立、私立职业训练机构。公立职业训练机构因为资金充足并且培训老师的素质较高，因此其毕业生被社会认可的程度较高，往往成为企业界炙手可热的人才；相比之下，私立训练机构毕业的学生，因为培训机构师资力量的原因技术程度参差不齐，在参见应聘时优势并不明显，企业也往往会对其专业素质进行更深层次的考察。

7．委托临时工代理机构

随着现代经济的发展临时工行业或得了广阔的发展空间，它可以满足企业多方面的用人需求，提供临时性的打字员、员工、会计、工程师、护士和服务人员等。临时工代理机构提供的劳动力能够协助中小企业可妥善处理由于季节性人才流动以及由于假期和疾病引起的人员短缺问题。另外，企业还可以通过临时员工在工作岗位上的表现来判定其是否适合企业的工作内容，是否可以正式雇佣这些临时员工。

8. 人才代理机构

人才代理机构也是企业获得人才的一个重要途径。企业向代理机构支付一定的费用，那么在一段时间内代理机构可以提供人才服务；当然有时候企业可能得到免费服务，这是因为应征者已向代理机构付款了。但是我们应该注意的是，如果企业想要招聘到高级人才，大多数都要向代理机构付钱以获得他们和对性的服务。

9. 求职者上门应聘

有时候应聘者可能会不通过任何人才代理和服务机构主动来企业竞聘，这些应聘者中大部分都对企业比较向往并且有一定的真才实学，但是也有一部分并不符合企业用人标准的应聘者混杂在其中，面对这些人力资源人本较低的应聘者，企业应该进行细致的考察和甄别。在这些应聘者的管理上企业应该给予他们充分的尊重，如果一些优秀人才不能马上被聘用，他们的申请应存档以备案。另外，为了保持良好的企业形象和公共关系，不管是否会提供工作，所有的应征者都应被礼貌对待。

（二）外部招聘的优缺点

1. 外部获取的优点

与内部获取相比，外部获取的优点主要体现在以下几个方面：

（1）外来人员不同的工作和教育经历可以为企业带来新思想、新观念，使企业保持活力。这些新的工作理念、新的思想方法、新的文化和价值观，给为企业带来思想碰撞的火花，促进企业创新的。

（2）外部获取可以有效规避人员调整带来的各种不良反应，因为它无须对原有岗位进行调整。

（3）外部获取可以有效避免过度使用内部不成熟的人才。企业在外部招聘中通过"能岗匹配"原则进行人员的筛选和甄别，充分保障了招聘人员对工作的胜任力。

（4）外部获取可以大大节省培训费用。企业从外部获取所需人才，必然会选择符合企业所要求的学历和经历的高素质人才，从而可使企业节省培训费用和培训时间。

2．外部获取的缺点

有利必有弊，外部获取也有一些缺点，表现在以下几个方面：

（1）无论何种方式的外部获取策略都会产生广告费、中介费等相关的服务成本，相比于内部招聘而言外部招聘的成本无疑会高很多。

（2）外部招聘会加大人员录用的风险。虽然企业为此会制定严格的选拔程序，但是这种风险不会不可避免地存在且大于内部招聘的风险。

（3）外部员工会给企业现有员工以不安全感。外部获取，特别是非空缺岗位以及中层和基层领导的人员招聘，它不会使老员工产生不安全感和悲观情绪，致使其工作热情下降，影响员工队伍的稳定性。

（4）外部获取的新员工与企业文化的融合需要一定的时间。虽然新鲜的文化和思想可以为企业带来启发，如果这种影响持续时间太长不仅会影响新员工融入企业的步伐，也会影响老员工的正常工作。

（5）外部获取的新员工需要较长的时间才能熟悉工作融入角色。新员工熟悉工作，了解部门配合，适应企业人际关系都需要一定的时间，这可能会在小范围内影响企业的工作效率。

第四节　企业人力资源的甄选与录用

一、人力资源甄选

（一）甄选依据

一般来讲，甄选战略的实施最终无非要回答三个问题，即应聘者能做什么、应聘者愿意做什么、应聘者是否称职。

1．应聘者能做什么

在人员甄选的过程中，申请人或者应聘者是否有能力做好这项工作？他们的能力是通过什么表现出来,通过什么途径发挥出来?他们是否具有某些特殊技能、这些技能是否能够成为申请人在供企业获得长远发展的资本?这些都是企业招聘管理人员应该了解和掌握的决策信息。

2．应聘者愿意做什么

申请人或应聘者是否有兴趣做这份工作?这些人申请愿意来公司工作的原因是什么?他们是否打算在公司长期发展?他们的稳定性和忠诚度如何?是否能够一心一意地为公司工作?这些也是招聘人员应该着重考虑的。

3．应聘者是否称职

申请人或应聘者所具备的能力和专业知识能否适应企业未来的发展?他们的个性特点是否适合于该工作和工作环境?申请人的价值观是否与企业倡导的价值导向一致?申请人是否能被他的同事或下属接纳?这些都是衡量应聘者是否适合企业及其工作岗位的重要因素。

(二)员工甄选的程序

1．明确测评的目的和测评对象

这是员工甄选工作的第一步,只有明确测评的目的之后,才能保证之后的一系列的具体测评操作过程有章可循,在才能使整个人才甄选工作有的放矢,具有针对性。测评对象的取向是指企业的招聘管理人员要明确企业需求的人才类型和特点,并针对这些特点做出有助于实现招聘目标的决策。

2．选择合理的测评方法和测评工具

根据测评的目标选择需要测评的要素,并通过科学的方法对这些要素内容进行科学的分析和比较,需要正确的测评工具和测评方法。此外,在选择测评方法时还应该考虑到测评客体的具体情况,包括岗位职责和组织的特点。

(1)测评方法和测评工具是要依据测评对象来确定的,通过详细分析测评要素的内容,就可以选择具体的测评工具和方法。每一种测评工具都会对个人的某项素质有针对性的测评功能。

(2)比较各种测评方法的效度和信度,选择与实际测评对象相关性最大的测评工具。

3．测评方案设计

测评方案设计是企业员工甄选的重要环节，是企业招聘人员根据已经确定的人才选拔方法并结合实际情况来决定测评技术的先后顺序以及各种方法之间的关联性。测评方案主要包括环境测评和时间测评两个方面。

（1）环境测评。环境测评不仅指企业招聘计划实施的内外部环境，同时也强调测评工作本身的实施环境。测评环境的最基本要求是能够使测评人员注意力集中，不受外界因素的打扰和影响，以保证其思维敏捷的敏捷性，提高测评的准确性和有效性。一般而言，测评人员都会选择宽敞、光线充足、无噪声的测评环境，同时也应该保证测评中的气氛良好。

（2）时间测评。不同类别的测评工具和方法所设计的理论知识和操作技巧有很大的区别，在并且花费的测评时间也不相同。招聘人员在测评时间的选择上应该挑选能够完全发挥受测人员智慧和能力的时间段，保证测评的质量和可信度，另外要注意合理安排不同测评的先后顺序以及时间长短。

4．选择测评指标体系

人事测评指标体系是衡量和评价与工作有关的个人素质的关键环节，其目的是为了明确企业人力资源测评的内容。企业人力资源测评指标体系是人事测评工作的基础，是被测评人员多个方面素质与能力的综合反映。人事测评指标测评要素、测评标志与测评标度。

（1）制定测评要素是确立测评指标的第一步，即根据测评对象的分析结果拟定一些测评要素。

（2）测评标志是为每一个测评要素确立的关键性描述特征或界定特征，确立的测评标志必须具有易操作、可辨别的特征。

（3）测评标度就是指描述测评要素或要素标志的程度差异与状态水平的度量。

5．实施选拔过程

选拔的实施过程是按照选拔方案规定的时间计划与分工计划，及前后顺序完成选拔任务的过程。选拔过程主要包括宣传并训练被测人员、指导测评方法的操作、控制协调测评活动、搜集并记录测评信息四个步骤。

（1）宣传测评目的。在开展活动之前，实施测评的人员应向被测人员宣传测评的目的，可以促使他们更好地参与到测评活动中来。

（2）指导测评方法的操作。在实施测评过程中，如果被测人员产生疑难问题，实施人员都应该随时协助他们解决问题，纠正他们的错误。

（3）控制协调测评活动。测评活动可能会受到当时很多因素的影响，不可能总是一帆风顺，这就需要测评人员能够随时协调与控制各方面的影响，以保证测评活动的顺利进行。

（4）搜集并记录测评信息。在实施测评信息收集的过程中要遵循务实原则，保证信息的真实性和准确性。一般来说，搜集的信息越多，则测评的效果越科学，参考性越强。

6. 选拔结果统计与报告

对应聘者的选拔结束以后，考官要对招聘结果进行各方面的统计工作，并做出分析报告。由于很多测验可以直接在计算机上完成，或者是在应聘者笔试后由录入人员将应聘者的答案数据录入计算机系统，计算机系统能够根据软件规定的成绩统计方式进行成绩统计并输出结果。企业在人才选拔的实践当中，都会根据自己的招聘目标采取相应的选拔方法，因为不同的选拔方法进行人才筛选的重点是不一样的，因此需要选拔专家根据应聘者针对同一维度的多种选拔方法中的结果，撰写总体测评结果分析报告。

7. 选拔结果跟踪反馈

选拔结果的跟踪反馈主要通过根据聘用结果以及员工后来的工作绩效，来对测评工作进行检验，这是企业员工甄选的最后一个环节。跟踪反馈具有承上启下的作用，一方面它可以检测本阶段的工作成果，另一方面可以通过测评积累经验性资料，发现工作中的优点和不足，为下一轮的招聘甄选工作提供借鉴。通常可以通过分析测评结果分数和后来的工作绩效的相关系数来判断本次测评的效度，同时可以对测评工具进行修改、完善。

二、人力资源录用

（一）录用原则

1．信任原则

信任原则我们也可以叫作"用人不疑原则"，它的基本要求是管理者对员工要给予充分的信任与尊重。从本质上看，企业试用期人员与正式员工并无差异，他们是否能够在企业的工作中发挥出自己的才能，关键是管理者能否给予他们以充分的信任与权利。

2．任人唯贤原则

任人唯贤，强调用人要出于"公心"，也就是以企业的利益为重，摒弃小团体主义。能否做到任人唯贤，是衡量管理人员特别是人力资源主管是否称职的重要标准之一。在企业对录用人员的安排使用中，要秉持任人唯贤的原则，避免主观因素造成的用人失误。任人唯贤原则要求管理者掌握基本的人才测试、鉴别、选拔的方法，能及时发现人才并合理安排，使每个员工都能充分施展自己的才能。

3．松弛适度原则

员工在试用期间会有比较大的心理压力，管理者应该充分考虑这一时期员工的特点，必须为其制定合理的工作标准与绩效目标，但是要对其工作质量和工作技能的掌握进行必要的考核。在生活上，企业也应该给予试用的员工适当的关怀，并从法律上保证其应有权利。

4．因事择人原则

因事择人是指以事业的需要、岗位的空缺为基本出发点，根据岗位对任职者的进行针对性的培训和考核。这一原则要求组织招聘员工应根据工作的需要来选拔，切实保证企业设置的每个岗位都发挥其应有的作用，提高企业的管理和运营效率。

（二）录用程序

1．背景调查

对应聘者的背景调查通常都是企业员工录用需要进行的第一项工作，次项调查的内容主要包括准备录用人员的信用状况、工作经历、学历水平、从业许可以及是否有犯罪记录,等等。现在,大多数的企业都将员工的背景调查作为招募、选拔员工的一个重要环节,这是因为如果企业不对员工进行全面的了解,难以做到人尽其才。

一般而言,背景调查所需要的大部分信息都是公开记录的,可以提供给任何人,企业并不会去调查员工的隐私信息。完成背景调查的最好方式是请一位专家,因为他可以帮助企业迅速、专业、合法地完成这项工作。

2．体检

体格检查是选拔过程后紧接着的一个步骤。在某些情况下,检查在新雇员开始工作后进行。

企业在员工录用中进行体检有三个目的:

(1) 确定求职者是否符合空缺职位的身体要求,发现为求职者安排工作时应当考虑的体格局限因素。

(2) 建立求职者健康记录,以服务于未来保险或雇员的赔偿要求。

(3) 通过确定健康状况,可以使缺勤和事故的发生率降低。

3．做出录用决策

在做出录用决策时要进行两个方面的比较:一是候选人的比较,二是要在候选人和招募标准之间的比较。当候选人的素质相当时,要做出录用决策应该重点考虑以下几点:

(1) 候选人的核心技能和潜在工作能力要重点考察。

(2) 在候选人工作能力基本相同时,对其工作动机要优先考虑。

(3) 不用超过任职资格条件过高的人。

(4) 当对候选人没有足够信心时,不能将就。

(5) 尽量减少做出录用决策的人,以避免难以协调不同意见。

(6) 如经上述步骤仍然无法确定人选,可着手进行第二次测验。

4．通知应聘者

企业在做出录用决策后,要通过向合格的应聘者发放录用通知来告知这些应聘者,这项工作虽然简单但是并不是每个企业实施起来都能做到十全十美。许多企业由于没有及时通知应聘者而造成优秀人才的流失。也有企业的录用通知书措辞含糊，或者让应聘者感觉不到企业的诚意和办事效率，从而使企业在最后关头失去了对应聘者的吸引力。还有一些人力资源工作者仅仅重视给合格的应聘者发录用通知，而忽视了及时向未被录用的求职者辞谢，这样就会有损企业在应聘者心目中的形象。

5．签订试用合同或聘用合同

当企业拟录用的应聘者同意接受职位后企业就要考虑与其签订试用合同或聘用合同了。

聘用合同的内容一般包括：

（1）被聘任者的职责、权限、任务。

（2）被聘任者的经济收入、保险、福利待遇等。

（3）试用期，聘用期限。

（4）聘用合同变更的条件及违反合同时双方应承担的责任。

（5）双方认为需要规定的其他事项。

（6）做出遵守规章和保护公司秘密、知识产权的承诺并签订连带责任保证书。

第五章 企业人力资源开发创新研究

第一节 企业人力资源开发概述

一、人力资源开发与培训

（一）开发培训的含义

人力资源培训和开发的实质是员工的培训。就含义而言，培训是指企业通过组织新员工或现有员工集体学习，帮助他们完成技能掌握和提高的过程。企业人力资源开发管理是指企业通过组织培训活动传授员工知识，帮助其转变工作观念和提高工作技能，以提高企业工作效率的一种人力资源管理活动。

企业人力资源开发与培训是不仅是员工的自我提升同时也是企业的自我提升，因为通过人力资源开发与培训企业可以更高效率地提升自己的经营和管理目标。企业人力资源培训与开发是一种通过提高员工工作能力，改善员工工作态度系统化提高企业经营绩效的行为改变过程。从中我们也可以看出工作行为和工作态度的改善是提高是企业人力资源培训与开发的关键要素。

企业人力资源培训与开发的主要目的有：

（1）提高员工的工作能力和绩效；

（2）增强组织以及员工个人的适应性；

（3）提高员工的忠诚度。

培训与开发是两个既相联系又相区别的概念：培训是指为员工提供指导学习在工作中能够用得上的技能知识的这一过程，着眼点比较狭窄，着重那些能尽快给组织带来好处的技能；开发的视野比较宽阔，它使员工学习那些今天或者将来的某些时候能用到的知识，而是更多强调满足组织总体和长期的发展需要。表5-1说明了培训与开发之间的不同。

第五章 企业人力资源开发创新研究

表 5-1 培训与开发的比较

项目	培训	开发
关注的重点	现在	未来
工作实践的运用程度	低	高
目标	为当前工作做好准备	为未来变化做好准备
参与	必需的	自愿的

虽然培训与开发并不是同一个概念，但是二者差别细微并且具有相同的最终目的，即通过提升员工的能力实现员工与企业的同步成长。

（二）开发培训主要类型

企业人力资源培训与开发根据不同的划分标准可以分为不同的种类，在此仅介绍根据培训时间与工作关系划分的一种。

1．不在岗培训

不在岗培训是指员工不在岗位上而进行的专职培训，有岗前培训和脱岗培训。这里我们应该明确一个概念，不在岗培训并不是专指脱岗培训。

（1）岗前培训。岗前培训是指企业对招聘录用的新员工在进入具体岗位之前所进行的培训。培训内容包括两部分：一是让员工迅速接触和认识企业，使其对企业价值观的和客观环境有个一个正确的认识，掌握其岗位的要求；二是培训员工工作时需要用到的技能。

（2）脱岗培训。脱岗培训是指因为原有岗位技能方面的深化，员工脱离具体岗位而进行的集中的有针对性的培训。一般而言，中小企业采用脱岗培训的机会较少。

2．在岗培训

在岗培训是指员工受训的过程与本职岗位工作同时进行。又分为交叉——交流培训和岗位培训。

（1）交叉——交流培训。交叉——交流培训是基本目的是开阔员工的视野，为其提供获取更多知识储备的一个过程，并且可以帮助员工变为熟悉企业中的多种工作的全面型人才。在岗培训的基本目的是培养工作多面手，从某种意义上来说企业各层次的管理人员也是其实施的基本目的。这种培训要及时进行效果评估，确定员工对新岗位的胜任情况，以免造成不必要的损失。

（2）岗位培训。岗位培训是使员工对职位需要的技能进行进一步的提高，使其提高自己工作效率并适应企业新的生产经营节奏。在岗培训往往都是伴随新工艺、新技术的产生而产生的，比如计算机产生后，财会人员对会计电算化的学习。

二、培训开发的基本内容

一般来说各种类型的企业所进行人力资源开发和培训，设计和规划的基本内容具有极高的相似性，主要包括：

（一）规范培训

在大多数的情况下，企业进行的规范培训包括企业规范条款培训以及法律培训两个方面。

1. 企业规范条款培训

企业规范方面的培训包括企业的规章、制度，企业的目标、历史，企业的文化等方面的内容。企业规范不仅是企业进行日常管理和经营的基础，同时也是培养企业员工的认同感，促进企业文化传播的重要途径，使之能自觉遵守企业的要求，将自己融入企业中去。

2. 法律培训

法律是一切社会活动基本准则，企业对员工进行法律方面的培训有很强的必要性。其原因主要有两个：

（1）企业要依法运营。不遵守法律的企业，可能会得到一时的便宜或者好处，但是长期如此，企业经营一定会逐渐走向衰落，进行法律培训可以保证企业的各项经营管理活动都在法律范围内进行。

（2）员工要对经济法规有所了解。中小企业要对员工进行一些经济法规的培训，如《经济法》《票据法》等。这种法律培训可以规范企业的责任和义务，也可以赢得员工对企业的认可。

第五章　企业人力资源开发创新研究

（二）岗位技能培训

业务技能培训是指对员工业务方面所需要的新技术、新工艺和新理论等方面的培训。中小企业业务技能培训是重中之重。业务技能培训一般包括：

（1）业务知识学习；

（2）先进理论的应用培训；

（3）操作技能培训；

（4）预期开展业务的提前培训；

（5）管理技术培训。

（三）思维意识培训

思维意识的培训主要是培训员工的观念意识，使之更好地为企业发展服务，一般有以下几方面。

（1）精品意识；

（2）创新意识；

（3）公关意识；

（4）终身学习意识；

（5）健康意识，包括身体健康和心理健康。

三、人力资源培训开发的基本保障

人力资源培训的基本保障主要包括以下六个方面的内容：

（一）高层管理者的支持

人力资源培训与开发之所以获得高层管理者对支持主要是出于以下两点的考虑。

（1）高层管理者的批准与认可是开发培训的前提。

（2）离开高层管理者对人力资源管理人员的资金和人员支持，培训开发活动不可能进行。

（二）人力资源培训机构的设置

人力资源培训机构是企业进行培训开发的前提，如果没有培训机构和人员，企业的人力资源和培训开发就无从谈起。企业在人力资源培训开发过程中，需要人力资源培训部门对培训的规模、活动场所、时间以及师资配备等进行设置。

（三）高品质的培训师资

培训师负责在培训过程中，对参加培训的员工进行心理辅导和技能提高是在培训中扮演了重要的角色。在培训过程中，培训师是企业培训文化和内容的直接传递着，他们培训水平的好坏、表达能力的高低直接关系着企业培训的最终效果。高水平的培训讲师不仅可以有效地提高员工的工作技能和知识储备，还可以有效的帮助员工树立正确的人生观和价值观，促进工作培训内容向实际工作成果的转化。

（四）充足的培训经费

任何活动都离不开经费的支持，如果没有充足的经费作为保障培训工作就难以正常的开展，或者出现半途而废、因陋就简、顾此失彼等现象。因此，企业在对确定员工培训计划，正式开始培训之前应该对活动经费进行精确地预算，既要保证培训的顺利完成，又要避免浪费，增加企业成本。

（五）齐备的培训设备设施

培训设施也是保证培训顺利进行、增强培训效果的重要因素。培训设备包括黑板、幻灯、投影仪、电视、网络传递系统、案例分析场所、教学实验基地等。设备能够使培训是的指导和讲解更加直观、更生动，这种变化可以保证接受培训的员工保持对培训的兴趣，增强培训的效果。

（六）完整的培训工作记录

人力资源培训与开发的过程不仅仅对企业具有十分重要的作用，从另一方面说它也是企业员工进行知识总结和技能提高的重要途径。企业作为培训的组织者，会从每次的培训当中积累经验，这些经验不仅仅使下一次的培训在程序上更科学，还可以使培训的内容有一个针对性的提高。企业通过培训获得的这些好处，都要归功于认真、完整、准确地做好每一期的培训记录。

第二节　员工能力开发

一、沟通能力培养开发

沟通无论是在我们的生活中还是我们的工作中都起着十分重要的作用，员工沟通能力的强弱影响到工作能否顺利进行。员工在工作中遇到的各种为题都需要通过沟通来解决，因此企业有必要注重对员工的沟通能力进行培训。提高员工的沟通能力可以从两个方面入手。

（一）明确沟通障碍

很多情况下，员工沟通存在问题并不是其沟通能力不够而是存在于在沟通中的障碍。比如说，发音、字义含糊等情况都会使沟通效果大打折扣。结合工作实际来看，员工在沟通上存在的障碍主要表现在以下几个方面。

1. 语言问题

语言问题主要包括语种、发音、字义含糊以及一些不经常使用的专业术语。这些问题给员工之间的沟通带来了极大的不便，使用员工的工作效率大打折扣，增加了企业生产的时间成本。

2. 信息问题

信息问题主要包括信息传递本身的问题、传达工具问题以及信息传递的渠道和层次问题。如果信息在传递的过程中使用的传达工具不合适，那么信息传递的准确性和及时性都难以得到保证；如果信息在传递过程中经历的层次过多，那么信息传递的速度和内容都很难得到保证。

3. 行为心理问题

行为心理问题主要是指由于员工性格差异引发的不协调行为，比如，性格内向腼腆的人害怕和领导接触；性格外向有的人喜欢接近陌生人，有些人只喜欢和熟人打交道，这些都是我们经常遇到的沟通障碍。

（二）实现有效沟通

在了解了沟通障碍之后，企业就可以通过人力资源开发与培训有针对性地对这些沟通障碍进行排除，并制定相关的培训内容用来提高企业员工的人际关系沟通能力。

1．语言方面

在沟通过程中尽量少用专业术语，多用具体生动的语言进行工作交流；尽量使用普通话，避免使用口音较重的方言；交流时尽量注意自己的言行，保证自己的措辞得当、行为有礼。

2．信息传递

为了保证信息传递的顺利和畅通，使信息取得最好的传播效果企业应该从以下几个方面寻求切入点：

（1）信息传播的效果需要一个良好的环境和氛围作为保障，因此我们在沟通的时候要尽量选择较为宁静的环境气氛，以免受到外界的打扰；

（2）沟通中我们要选择合适的沟通渠道和信息传递工具，保证信息传递的效率；尽可能地减少信息传递的层次，保证信息传递的准确性；

（3）尽量提供准确及时的信息反馈，保证沟通的互动性。

3．行为和心理方面

在沟通过程中，员工个人的沟通习惯和心理如果不及时的加以教育和引导容易发展成为一种风格难以改变的行为方式，对此我们要态度明确、立场坚定，采取积极的手段和措施。

总之，员工的沟通能力对员工的工作有种要的影响，企业在员工培训的过程之中要把提高员工的沟通能力最为一项重要内容，这也是保证工作顺利的关键。

二、心理健康培训开发

心理健康培训是一种新型的培训理念，它体现了以人为本的基本发展思路，是一种与时俱进的先进思维。在培训工作当中我们可以通过多种途径来增进员工心理健康。

第五章 企业人力资源开发创新研究

（一）为员工创造良好的心理环境

为员工创造一个良好的心理环境是保证员工心理健康、做好思想政治工作、改善员工精神面貌、激发员工工作热情的重要途径。积极向上的心理状态有助于员工充分发挥自己才的能。

创造良好心理环境有三个方面的意义：

（1）良好的心理环境可以保证员工之间的和谐关系，促使其相互帮助，相互进步，上下齐心，团结合作；

（2）良好的心理可以使员工树立起战胜困难的信心和勇气，这不仅可以让其对自己的前途充满自信心，更能够在企业处于低谷时帮助企业走出困境；

（3）良好的心理环境可以使员工保持乐观积极的生活态度，有助于全身心地投入工作当中。

（二）保证员工的身体健康

身体健康是心理健康的重要前提，如果一个人身体不舒服，相应的生理反应也会在使其处于一个心理上的低落期，这种状态无论是对其工作还是对其人际关系的处理都会造成负面的影响。因此，企业如果想要保持员工积极饱满的精神状态，就要为员工创造身体健康的条件。

（三）提高员工应对挫折的能力

工作无论是工作中的失误，还是领导对员工的批评，都会对员工的心理造成一定的波动，影响其工作的积极性，因此企业应该采取相应的措施保证员工处于一个轻松愉快的工作状态，并想办法提高员工应对挫折的能力。

（四）防止公平陷阱

公平不仅是对员工劳动成果的尊重，更体现着企业对劳动者的态度。如果员工付出了和其他人一样的劳动和努力，却得不到同样的待遇；或者自己付出了更多的劳动却没有得到更好的待遇，这对员工的积极性会造成极大的打击。不公平感的产生会使员工逐渐失去对工作的热情和兴趣，最终的结果只有一个，即员工的流失。

第三节 操作技能开发

一、技能规范化培训

这里所说的规范不仅仅是强调培训工作本身的规范性，更强调的是员工工作中的规范化的操作以及工作纪律的规范性。实践证明，如果企业能够让工作按照一定的逻辑顺序来进行，在保障工作纪律的基础上，企业的劳动生产率将会得到显著的提高。因此，我们在对企业进行人力资源开发和培训时应该强调和注重其规范性。进行规范化的企业人力技能培训和开发主要有以下几种常见的方法：

（一）注重和改善工作环境

注重工作环境的保持有很多体现，比如在日常工作中员工应该保证自己工位的整洁规范，办公桌上应该只放置手中正待处理的文件及有关资料，自己的私人物品最好不要放在上面。另外，办公室的抽屉要分门别类合理使用，以保证各种问价资料以及日常工作用品的取用方便。

（二）编制工作一览表

编制工作一览表是一种提高工作效率的有效途径，其具体操作是员工写下自己每天将要完成的工作，并在每项工作后面标注上自己认为最合理的做法，将这些内容逐项排列出来，制作成工作一览表。这个过程中员工可以按照工作的重要程度、顺序以及相关的前后联系，把重要的工作放置在工作日程表中最先办理的地位，保证工作效率和条理性。

（三）编制工作进度表

工作进度表是员工根据企业工作计划和工作进度，对自己的工作进行合理安排的表格，通过编制工作表，员工可以实现有效的自我监督。在编制工作进度表的过程中员工需要明确年度、季度、月度以及每日的工作并制定适合自己的工作进度，来保证整体工作任务进度。

当然提高工作条理化和规范化的方法还有很多限于篇幅我们在这里就不一一

进行介绍，但是我们上面所描述的是几种最基本的方法，具有一定的通用性，企业可以根据自身的情况进行具体选择。

二、目标管理培训

目标管理是针对工作目的的管理，企业进行目标管理可以有效地提高企业的经济效益，加强企业对内外环境变化的适应能力。企业在多员工进行目标管理培训时，要把组织和成员确实结合起来，把握好目标管理的基本原则，保证目标管理的基本效果。企业目标管理的目的是实现个人目标与工作目标相结合以及目标相结合，从根本上增强员工的执行力和行动力。一般来说，企业进行目标管理的过程中，其目标选择和确定的根据并不是决策者的个人意愿能够决定的，因为下面几个因素起到了更为关键性的作用。

（1）明确。明确的企业目标可以帮助企业改善必须改变的工作环节，同时维护值得肯定的工作做法。

（2）合理。合理是针对目标的可实现性而言的，一般来说企业制定的目标应该具有一定的挑战性，不能太难也不能太简单，这样可以开发企业的潜力。

（3）可衡量性。可衡量性是针对目标数量、质量和期限而言的，企业的目标不应该是一个迷糊的概念，必须要拥有实现目标的数字标准具有明确的可衡量性。

（4）单独的责任。责任是一种压力也是一种动力，企业目标只有规定明确的负责人，才能够保证其顺利地完成。

第四节　职业兴趣开发

一、培训内容是基础

对受训者而言，企业人力资源培训和开发的内容与其职业热情和工作兴趣有极为密切的关系，科学设定培训内容可以激发受训者的兴趣和工作动机，提高他们对自己工作的努力程度。对于培训者而言培训内容设计的意义在于，确定学习内容、选择学习方式，明确教学重点。

企业通过培训来提高员工的职业兴趣和工作热情，可以围绕以下三个目标组

企业人才培养与现代人力资源管理

织培训内容。

（一）提高员工在企业中的角色意识

员工与企业的融合度和匹配度，是保证其能够最大限度履行自己职能的基础，在这一点上，新员工表现得最为明显。因此，企业如何通过合理的培训设计新员工尽快熟悉企业的各个方面，消除陌生感，以积极的态度和高昂的斗志开始自己的新工作，如何在企业与员工之间建立默契和承诺，是大多数企业都需要深入研究和思考的问题。

（二）获得知识，提高技能

通过培训提高员工在工作中必需的知识、技能水平，引导其激发自己的潜能，帮助员工为今后的发展开辟更广阔的空间。一般来说，企业要达到这些目的应重点进行下列内容的设计和规划。

1．基本知识

基本知识是员工个人基本能力的体现，也是员工做好本职工作的基础，比如语言、数学等。对某些工作而言，这些基础知识又是其专业技能十分需要的，比如从事会计工作，必须掌握一定的数学知识。

2．人际关系调节能力

工作中员工需要处理各种人际关系（员工之间、员工与领导之间、领导与下级之间等），如何调整人际关系让其始终处于一个稳定的工作状态。这些技能需要企业通过培训传授给员工，比如沟通技巧、合作能力等。

3．专项知识和技能

专项知识技能是做好企业中某一具体工作所必需的，如车床工必须掌握机床操作技能、销售员必须掌握销售技巧等。企业通过员工进行专项技能可以有效地提高企业的工作效率。

4．高层次整合的技能

这类技能主要针对企业中的中、高级管理人员而言，要求能适应复杂变化的情景，如领导、经营决策、组织设计等。

（三）态度动机的转变

态度是指受训者所表现出来的个人行为选择。如机会出现，学习者做出沟通的选择或者做出不沟通的选择。通过培训提高员工对组织的认知，改变态度，形成良性动机，进而改善绩效。

二、培训课程是重点

培训课程设计指课程的实质性结构、课程基本要素的性质以及这些要素的组织形式或安排。这些基本要素一般包括目标、内容、学习活动及评价程序。课程设计并没有固定的格式和内容，企业的生产经营状况、培训实施的条件和环境都是课程设计的重要影响因素，但企业的课程设计大部分都是按照以下三个步骤完成的。

（1）以课程目标为依据对进行课程雏形的设计，主要内容包括：学习顺序、课程结构、教学事件、教学模式、准备教材等。确定课程设计雏形是课程设计的基础。

（2）收集各部门对课程安排的看法和意见，并且根据不同部门特点，有针对性地对课程设计的雏形进行调整，尽量使课程设计科学合理。

（3）在各个部门意见的基础上，对各培训课程安排的方案进行科学的论证和分析，最终确定课程设计的方案。

课程设计的方法多种多样，并且适用情况和领域都各有特色。但是最常见的还是表 5-2 所示的集中方法。

表 5-2　课程设计的方法

方法	详细内容
专家意见法	企业聘请精通培训的专家对企业课程进行设计
适应性模型法	企业人力资源管理部门根据企业现行的岗位要求制定的课程设计，并且充分尊重了他们的知识结构、知识水平和工作实际
深度递进法	在培训过程中，按照培训目标对培训课程的要求，选择由浅到深的不同课程，分类进行培训，从而达到教学目标

三、培训实施是关键

（一）科学确定培训方法

在培训中，企业应该根据结合自己的实际状况合理选择培训方法，常见的方法有讲授法、会议研讨法、案例研究法、行为示范法等，这些方法可以单独使用，当然在实际应用中通常是以两种或多种方法结合来使用以保证培训能的效率性。此外，在确定培训方法的时，企业管理者应该充分考虑受训者的知识层次和岗位类型，比如案例研究法对管理层次和高技术人才比较适合，而对操作人员来说，现场培训的效果可能会更好。

（二）合理选择培训时机

合理选择培训时机也是关系培训能否取得既定目标的一个重要因素。在安排培训的时机时企业需要考虑在何时开始、何时结束、是在旺季还是在淡季，是在白天还是在晚上，在工作日还是在周末等问题。

（三）周密组织培训工作

通常情况下，企业的培训活动是由人力资源管理部门发起还是由领导者亲自动员的；参加者只有员工还是他们的上级也要参与；培训的考核结果是否作为工作绩效的考核的标准。在培训工作的组织中，相关的负责人一定这些工作进行周密的计划和部署，保证培训工作的顺利开展。

第五节 人力资源开发的新趋势

一、为企业人力资源的发展提供良好的环境

当前，我国社会经济发展的实际环境在很大程度上制约了企业人力资源的开发，例如企业在向市场经济转轨时期，各项改革没有达到规定的要求；各种企业相混杂，政企不分，严重影响了企业领导层人员任免的公平性和透明度；社会保障体系存在缺陷，严重影响了企业社会职能的剥离和内部员工的合理流动；企业的管理落后，缺少一支高素质的企业经营管理队伍；对企业经营管理者的行为约束机制不健全；对企业的内部员工，包括管理层的培训不到位等。这些问题在我国目前的企业管理中比较普遍，如果这些问题得不到妥善的处理，那么企业的发展前途不会将会充满曲折，企业的人力资源开发也就不会有一个令人满意的结果。

为了充分适应市场经济发展变化的实际状况和满足企业实现可持续发展的人力资源需求，因此，就必须要为企业的人力资源发展提供一个良好的环境。主题

措施主要包括以下几个方面。

(一) 转变传统观念

在企业中要树立所有的管理者都要对人力资源的开发和管理负责的观念，因为这不仅仅是人力资源开发与管理人员的责任，还是整个企业员工应该履行的基本责任，因为只有培训工作得到其他部门的支持和配合，企业的人力资源开发与管理工作才能更好地实现其职能。

(二) 科学制定人力资源开发计划

企业作为营利性的经济组织，任何活动的开展都是建立在投入——产出分析之上的，企业人力资源培训也需要考虑成本和收益的关系，因此企业人力资源管理者应该根据企业的实际情况科学制定开发培训计划，确保以最少的资金投入获得最大的产出。人才数据信息库是科学确定人力资源开发计划的一个重要依据，因为它涵盖了所有企业员工的详细信息，比如培训经历、业绩情况、出勤情况、奖罚记录等。企业人力资源管理部门可以通过信息库的信息的分析和研究，最高效率的找出工作能力强、发展潜力大的员工，对其进行重点的跟踪、指导、培养和提拔。

(三) 建立健全人才激励制度

重视员工的福利待遇激励制度建设可以增强员工的工作动力，保证员工对企业的忠诚，减少企业的人才流失，提高人力利用效率。科学合理地奖励制度不是管理者开开会、查查资料就可以完成的，科学的说，它是需要企业员工的全面参与和支持。80/20 原则是人力资源管理领域的一个重要原则，其含义是企业的人力资源管理政策要确保能够留住企业中 20%的技术骨干和高层管理人才，因为他们是企业安全运营的基本保障，只有他们稳定了才能保证企业各项工作的顺利开展。这就要求企业不经要在薪酬制度的制定上保持与其他企业的竞争力，也就是以人才市场形成的人力价格为基础，结合企业的具体情况，在按劳分配的基础上采用多元化的分配方式，最大限度的发挥员工的能力。

(四) 加强部门协作

企业高层管理者应该具有锐意进取的开拓精神，应勇于冲破传统的人事管理思想和活动范围的束缚，开创最适合企业发展的人力资源管理模式与方法。这就要求企业管理者将人力资源管理部门与其他部门协调起来，鼓励人力资源开发部门共同参与企业的战略决策，充分发挥人力资源管理部门在企业管理中的作用。

（五）提升人力资源管理水平

企业人力资源管理经理是一个综合素质要求很高的职位，因为企业人力资源开发对管理者的素质要求比较严格，如果没有接受过正规系统的人力资源管理教育，那么很难适应这个岗位。如果企业人力资源管理的水平达不到要求，企业最好的选择是聘请有经验的人力资源管理的专家或顾问来进行规范的指导，保证人力资源开发工作的科学性。

（六）完善人才培养机制

企业人力资源管理要求企业重视内部人员开发，建立和完善内部人才开发机制。企业管理人员要时刻保持着与企业的联系，不仅要深入企业员工内部，通过研讨会或者其他意见交流的形式加强企业不同层级之间的联系，从而减少企业间的内部摩擦。另外，企业的管理者还应该时了解员工的各项需求，做与员工的"好朋友"，并在必要的时候给予员工情感上的关心或是心理上的安抚，以帮助员工重拾工作信心。在人力资源管理实践中，管理人员可以采用企业领导每周轮流举行座谈会等方式来进行。企业进管理的基础就是企业文化。从人力资源开发的角度来看，企业文化是以价值观念为核心，激发员工责任心和创造性，培育企业团队精神，提高企业整体效率的一项基础性管理工作。

在当代经济发展中，不同的企业发展历程给了我们不同的启示和思考，无论是成功的例子还是失败的例子，人力资源开发和管理对企业人才的挖掘都是企业人力资源管理工作的重点，如何通过合理的人力资源管理手段留住人才、吸引人才成为了企业亟待解决的问题。

二、注重人力资源开发的创新

随着市场经济的不断发展，企业之间的竞争也越来越激烈，企业对于人力资

第五章 企业人力资源开发创新研究

源方面也提出了很多更高、更新的要求。当前企业高层次、高学历人才需求的比率逐步上升，企业需要完善的育人、用人机制来调节企业的人才结构，形成人才聚集能力强、开发培训机制完善的企业人才利用体系。另外，企业在吸纳人才方面还应该在改善企业环境、推进员工素质教育方面努力。

除了上述中企业对人力资源普遍的要求外，还要求在人力资源的开发方面有一定的创新，主要包括五个方面的内容。

（一）制度创新

在人力资源开发的制度创新上，要加快人才配置市场化的步伐，推动企业人力资源的整体性开发。要具体依托中国现代企业人才市场及设在各地方的劳动力和人才市场，在企业的人才管理和使用过程中引入公开、平等、竞争、择优的市场机制。除此之外，还要加强企业人才信息库的建设，从而深化劳动人事的制度改革。要将人力资源的开发作为企业运营的一个重心，推动人事教育工作管理制度的创新。

（二）理念创新

要完善企业人力资源管理和开发体系，需要企业的管理这实现思想观的转变和突破，人才聘用应该不拘一格。

1．树立"双赢"的理念

科学的人力资源管理和开发不仅要根据企业的实际情况对现有的人才进行培训，并且还要帮助员工进行职业生涯规划和管理。

2．树立"以人为本"的理念

科学的人力资源管理和开发应该围绕科学发展观，从激发人的积极性、主动性和创造性为基本的出发点，进行人力资源管理，给予企业员工足够的发展和创新空间。

3．树立引进和培养结合的理念

科学的人力资源管理还要求企业对内部人才和外来人才要一视同仁，采取公平公正的人才政策，因为只有这样才能吸引和留住企业的优秀人才，保证企业生产和管理的顺利开展。

（三）激励机制创新

1．强化竞争机制

激励机制的创新需要强化和完善竞争机制，保证优秀的人才能够得到最大的发展空间。竞争机制建立的最基本要求企业启用和提拔人才突破身份的限制；在企业中要分别实行劳动合同制和聘用合同制；合理分配岗位职责，按需设岗、人尽其才。

2．改革分配制度

激励机制的创新需要对企业中现存的收入分配制度进行改革，以员工对企业的贡献度为基础，制定积极的薪酬分配制度。改革分配制度的目标是实现"一流人才、一流业绩、一流报酬"。在高层管理人员的发展和管理上，企业可以实行年薪制、配股制、期权制为中心的激励机制，激发管理人员的管理热情。

3．完善人才发展机制

激励机制的创新需要企业制定积极有效的措施，通过改善工作环境、完善培训工作等基本手段逐步建立起一种长久高效的人才培训和开发机制，为企业员工的发展提供更广阔的空间。

（四）培养机制创新

激励机制的创新需要学会利用市场化、国际化的手段对企业人力资源工作进行管理，以激发企业的创新能力。在这个过程中，企业应该围绕企业的产品结构、运行模式、经营状况以及盈利水平等对研究制定出切合企业发展的人才培养计划。"短平快"是一种非常适应现代经营的人才培养方式，具体来说就是企业在由用人需求时委托院校进行专业人才招聘以及培养。另外，企业还可以根据实际情况灵活运用考核选拔、派遣出国、学习深造、学成返回的培养模式。

（五）管理机制创新

1．要实施人力资源战略管理

企业中的高层管理者应该将对人力资源开发提高到战略的高度，将人力资源的开发和管理作为企业日常经营的一个核心内容。当然从投入——回报的角度理解，我们也可以将人力资源开发和管理作为一项投资活动来理解，其基本目的是

第五章　企业人力资源开发创新研究

激发员工的潜能，发挥团队的协作力量。

2. 企业要建立竞争择优、科学合理的用人和晋升制度

彻底打破原来企业中存在的"铁饭碗"现象，对所有的企业内的员工都实行劳动合同制，将传统的行政依附式转变为契约式的法律关系。

3. 坚持科学的人力资源管理原则

要坚持"公平、择优、自然"的基本人力资源管理原则。公平是指，每个员工在企业中得到的承诺和尊重相同；择优是指，以员工的工作能力为基础对其进行提拔；自然是指，企业不要刻意去追求超越企业发展水平的人才，需求的自然产生是才是员工招聘的动力和依据。

4. 创造良好的学习环境

要建立学习型组织，形成一种浓厚的学习氛围，使企业的所有部门之间、人员之间都要建立在相互学习、相互促进的基础之上。

5. 改善并健全管理模式

企业要逐步建立其科学、规范、标准的管理模式和方法，并放言国际，积极寻求和借鉴国际上的先进管理理念和管理方式，对自身企业的人力资源开发和实践进行全面并深入的分析和总结，努力在人力资源开发的工作中导入管理科学，遵循管理的原则。

实际上，企业人力资源的开发与传统的人事管理之间存在一定的差异性。在管理模式上，人力资源开发将员工看作有重要价值的资源，而传统的人事管理则是将员工视为了企业发展所花费的成本；在管理模式上，前者是以人为本，尊重人的不同个性和差异，而后者主要是以事为中心，关注的是企业的最终利益；在管理深度二者也有很大的不同，前者积极主动，注重开发创新，而后者则比较被动，注重管好即可在管理视野上，前者具有很大的战略性，讲究一定的策略性，而后者则主要集中在战术性和业务性上；在管理内容上，前者比较丰富，具有前瞻性，而后者则比较简单，比较容易把握；在管理功能上，前者呈现系统整合的特点，后者则比较单一分散。

第六章 企业员工绩效评估管理

第一节 绩效评估与管理

一、绩效评估

（一）绩效的定义

绩效是一个含义广泛的概念，在不同情况下，绩效有不同的含义。从字面上看，"绩"是指业绩，即员工的工作结果；"效"是指效率，即员工的工作过程。

也就是讲：绩效=优良的工作过程+优异的工作结果。

影响绩效的关键因素主要有以下五个方面：

（1）工作本身的目标、计划、资源需求、过程控制等；

（2）工作者本身的态度、工作技能、掌握的知识、IQ、EQ 等；

（3）管理机制，包括计划、组织、指挥、监督、控制、激励、反馈等；

（4）包括流程、协调、组织在内的工作方法；

（5）工作环境，包括文化氛围、自然环境以及工作环境。

其中每一个具体因素和细节都可能对绩效产生很大的影响，控制了这些因素就同时控制了绩效，管理者的管理目标实质上也就是这些影响绩效的因素。

（二）绩效评估的定义

绩效在不同因素影响下会产生不同的变化，这些要素包括时间、空间、工作任务的条件和环境等。因为这些要素自身呈现出了强烈的多样性、多维性与动态性，所以我们对绩效的评估也不能忽视这绩效的这一特点，必须向着多角度、多方位和多层次的方向对绩效评估进行管理。

对于绩效评估，不同的学者有不同的认识，早期的观点主要有以下几种：

（1）对组织中成员的贡献进行排序；

（2）对员工现任职务工作业绩的出色程度以及担任更高一级职务的发展潜力，进行有组织的、定期的并且是尽可能客观的考评；

第六章 企业员工绩效评估管理

（3）对员工的个性、资质、习惯和态度以及对组织的相对价值进行有组织的、实事求是地考评，它是考评的程序、规范、方法的总和；

（4）人事管理系统的组成部分，由考核者对被考核者的日常职务行为进行观察、记录，并在事实的基础上，按照一定的目的进行的考评，达到培养、开发和利用组织成员能力的目的；

（5）定期考评和考察个人或工作小组工作业绩的一种正式制度。

从以上观点中我们可以看出，虽然各界的专家和学者对绩效考核的认识并不完全一致，但是他们的认识中大多都包含以下三个观点：

（1）绩效考核是人力资源管理系统的组成部分，它有自己系统的制度规范、和考核方法；

（2）绩效考核是对组织成员在日常工作中所表现的能力、态度和业绩，进行以事实为依据的评价；

（3）绩效考核是从企业经营目标出发对员工工作进行考评，并使考评结果与其他人力资源管理职能相结合，推动企业经营目标的实现。

归纳起来，我们可以看出绩效评估是指考评主体对照工作目标或绩效标准，采用科学的考评方法，评定员工的工作任务完成情况，员工的工作职责履行程度和员工的发展情况，并且将评定结果反馈给员工的过程。

（三）绩效评估的分类

从不同的角度对企业绩效评估来进行分类，可以将绩效评估分为多种不同的类型，主要有：

（1）按评估目的划分。按照评估目的划分我们可以将其可分为例行评估、晋升评估、转正评估、评定职称评估、培训评估、对新员工评估等。

（2）按评估内容划分。按照评估内容划分我们可以将其可分工作态度评估、工作能力评估、工作绩效评估、综合评估等。

（3）按评估时间划分。按照评估时间划分我们可以将其可分为定期评估和不定期评估，定期评估又可分为半年期、一年期、二年期、三年期不等。

（4）按评估形式划分。按照评估形式划分我们可以将其分为口头评估与书面评估、直接评估与间接评估、个别评估与集体评估。

（5）按评估主体划分。按照评估主体划分我们可以将其可分为上级评估、自我评估、同事评估、专家评估、下级评估，以及综合以上各种方法的立体评估。

（6）按评估对象划分。按照评估对象划分我们可以将其可分为对员工评估、对干部评估。对干部评估，又可分为对领导干部、中层干部、科技人员的评估。

（7）按评估标准的设计方法划分。可分为绝对标准评估和相对标准评估。所谓绝对标准评估，即按同一尺度去衡量相同职务人员，它可以明确地判断员工是否符合职位要求以及符合的程度。小组内部同类人员相互比较做出评价。它可以确定人员的优劣顺序，但不能准确地把握员工与职位要求之间的符合程度。

（四）企业绩效评估存在的问题

1. 主管方面

企业管理者在实施绩效评估战略的过程中，有时会因为自身主观上的判断失误或是偏见，从而对员工工作的积极性造成影响。有些主管在对员工进行奖励或惩戒时，往往措施委婉，不愿真实地考核。通常情况下，一项评估的曝光频率越高，主管所遭受的压力也越大，会产生很多的困扰。

2. 员工方面

由于主管的偏见，有时会让其手下的员工成为牺牲品。主管的主观成见或是员工在无意间造成的小差错，就会导致绩效评估不真实，产生一定的错误。但就员工本身而言，他们大多数都认为绩效评估过程不够周密，主管难以发现自己的优点。因此，在他们看来所获得的中等评价，如"普通""尚可""合乎要求"等，只不过是应付了事、令人泄气的评语。

3. 绩效评估标准本身的问题

（1）绩效评估很难对团队工作中的个人价值进行评估。在一个相互协作的团队中，取得一项工作的成功是整个团队共同努力的结果。在这种情况下，个人贡献的大小就很难进行评价。例如，一则成功的报纸广告，需要有绘制版面的美工人员，构思文案的文案撰写人，以及设计版面的版面设计人员，他们每个个人所负责的工作不同，因此很难对他们每个人的价值进行评估。

（2）绩效评估很难对创意的价值进行评估。例如，在一家专门从事女性服饰销售的公司，最近对货架陈设重新进行了整理，并且新增了店头广告，这一项创意性的工作由分管销售的副经理负责；同时，该店还新聘请了一批营业员并由人力资源部对她们进行了专业的培训，结果本月的销售额大幅上升。我们很难评估，这一绩效哪些源自销售副经理的创意性工作，哪些源自营业员服务水平的提高。

（3）绩效评估的标准往往会忽略那些不可抗力的因素。即使两个员工是在同样努力地进行工作，但是他们也会因为种种不可抗力因素的影响导致绩效的截然不同。例如，对机床操作工绩效评估的标准是他生产产品的数量和合格率，水平相似的两个工人，如果一人的机床经常出现故障，那么两个人的工作绩效就会出现很大的差别。

除此之外，绩效评估本身还存在很多的问题，导致组织内的员工对绩效评估有排斥的心理。绩效评估在实际工作的实施过程中会遭受种种阻力，因此我们要找到能够突破这种阻力的对策，减少绩效评估在实行过程中出现的错误，从而顺利实现组织的预定目标。

二、绩效管理

（一）绩效管理的定义

对于绩效管理的定义，可以从以下几个方面进行把握：

（1）绩效管理实际上是一个完整的系统，它包括绩效的界定、绩效的衡量以及绩效信息的反馈三个过程。有效的绩效管理系统首先要明确对组织目标的实现具有至关重要意义的绩效内容；其次还要通过绩效评价对员工的各个方面的绩效进行衡量；最后要通过绩效反馈将最终的绩效评价信息反馈给企业员工，使员工能够根据组织的目标不断提高自己的工作业绩。

（2）绩效管理的过程，实际上也就是组织与员工不断进行沟通的过程。通过彼此间的交流与沟通，员工能明确组织的发展目标，最后双方在业绩的要求上达成共识，从而保证员工的工作过程以及工作结果始终与组织目标相一致。

（3）绩效管理是将员工的工作活动与组织目标联系在一起的过程。组织的绩效最终要通过员工的绩效来实现，而员工的绩效又必须在组织目标这一整体框架内进行评价，并且评价的内容和标准都要以组织目标为依据。提高员工工作绩效的根本目的是保证组织目标的顺利实现。

（二）绩效管理的特点

绩效管理具有系统性、可控性和联结性三个方面的特点，具体表现为：

1．绩效管理的系统性

绩效管理实际上是一个完整的系统性工作，它不仅包括了工作绩效的界定、衡量，还包括了绩效信息的反馈，这三个过程缺一不可完。保证绩效管理的系统性需要注意三个方面的问题：

（1）要明确对组织目标的实现具有至关重要意义的绩效内容；

（2）通过绩效评价对员工的各个方面的绩效进行衡量；

（3）通过绩效反馈将最终的绩效评价信息反馈给企业员工，使员工能够根据组织的目标不断提高自己的工作业绩。

2．绩效管理的可控性

绩效管理不是一个单向的活动，它需要组织与员工不断进行沟通与交流，单纯的"命令"和"执行"难以保证整个绩效管理过程的顺利进行。在绩效管理的过程中，通过彼此间的交流与沟通，员工可以明确的知晓组织的发展目标，并且双方会在业绩要求上达成共识，从而保证员工的工作过程可控性以及工作结果与组织目标的一致性。

3．绩效管理的联结性

绩效管理将员工的工作方式、工作态度以及组织目标紧紧地联系在一起，这个不仅是员工工作改善的过程，也是企业目标的细化过程。组织的绩效最终要通过员工的绩效来实现，而员工的绩效又必须在组织目标这一整体框架内进行评价，并且评价的内容和标准都要以组织目标为依据，他们的是相互依存、相互促进的整体和部分。

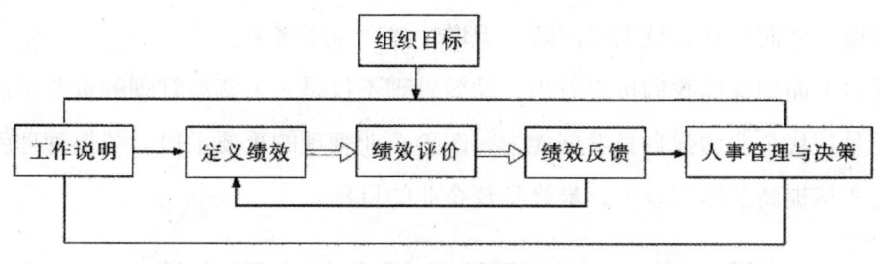

图 6-1 绩效管理系统模型

（三）绩效管理的意义

1．企业战略落实的载体

与员工绩效直接挂钩的是员工的工作态度和工作方式，绩效管理通过为每个员工制定切实可行的绩效目标，可以将公司战略、企业与人合为一体。企业在绩效目标的制定上应当注意自上而下的制定和程序，也就是说公司的战略通过绩效目标的制定层层下传。

2．构建、强化企业文化的工具

企业文化是企业极为重要的无形资产，它深刻地影响着企业产品在销售市场上的形象和口碑。现代经济条件下，很多企业都在努力构建自己的企业文化，但大部分企业对这一概念的认识并不深入，只是停留在几句象征性的宣传口号上。企业文化的核心就是企业经营的价值准则，体现在企业生产和管理的各个方面，而绩效管理在企业价值观的传递过程中扮演的正是"中间人"的角色，具有强化和构建的作用。

3．员工进步的助推器

绩效管理具有极为积极的推动作用，它促使管理者对员工进行指导、培养和激励，提高员工的工作能力和专业水平，进而改善和提高自己的绩效。绩效管理对员工进步的推动作用主要表现在三个方面：

（1）企业通过绩效管理，可以清晰地发现员工之间的差距，并促使其寻找造成这种差距的内在原因，进而使员工充分发挥自己的长处，在工作中不断进步。

（2）企业通过绩效管理，使员工持续改进工作绩效。

（3）企业通过绩效管理，可以增强各级管理者之间、管理者和员工之间的交流和沟通，从而树立起员工的团队意识增，强企业凝聚力。

通过上面的描述我们可以看出，绩效管理不仅是人力资源管理的重要组成部分，更是现代企业增强自身发展能力，改善企业管理的重要手段。绩效管理就是要通过考核提高个体的效率，最终实现企业的目标。

第二节　绩效评估的标准与主要方法

一、绩效评估的标准

（一）个人品质

以个人品质为标准的绩效评估是指根据一个人具备某些品质的程度来判断他的绩效，个人品质测评的突出特点是它假设绩效高的人具备某些共同的优秀品质。这种评估方式最常涉及的考核项目包括与人相处的能力、勤勉程度、合作性、判断力、创造性、自主性、领导能力、社会性、热心、勇气、忠诚、可靠性、进取心、自信心以及一些与职务有关职业品质和能力。但企业在对员工实际的评估过程中以个人品质为标准对员工的绩效进行评估时，其要求通常都会远远超过岗位工作特征。

以个人品质作为评估的基础时，考核者需要清楚地说明每项品质的含义。如果企业绩效评估将判断力作为考核标准，那么必须要说明判断力的明确定义——"在得出正确结论的过程中，识别重要和次要因素的能力"。同样的道理，每个评定等级的标准和要求也要给出明确的甚至是量化的说明，以增强评判标准的可信度和实际操作的空间。

品质考评的内容清晰明了，操作上简单易行，对员工还可以起到一定的激励作用，因此在实际工作中得到广泛应用。

以品质作为评估标准的绩效考评体系还有其固有的缺点，主要表现为：

（1）考核可能存在一定的主观倾向。在实际工作中，企业的经理人不愿意以自己的主观判断去决斗别人的发展前途，因此在评判过程中他们总是执行模棱两可的评判标准，并尽可能使各人的评价大同小异，在这种情况之下企业的绩效评判系统最终会流于形式。

（2）品质考核的基本假设难以统一。在研究过程中许多学者发现，个人品质与实际工作之间很难建立直接关系，经理人很大程度上是以个人印象来代替真实情况。

（二）工作成果

以工作成果为标准的绩效评估指的是，根据一个人完成预期产出和贡献的大小来判断其绩效。从这个描述中我们不难看出其评估目标的量度核心，以及其促使职工完成企业所交付的任务的作用。企业在以工作成果为标注评估企业员工的绩效时，最关心的评估项目包括利润、废品率、净销售额、销售成本、维护费用、应收账款的平均天数、投资回报率等。企业通过为这些项目制定评估指标，可以根据完成目标任务的程度对下属的绩效进行评估，并可以起到促使员工改善工作，提高企业绩效的作用。

以工作成果作为考核基础的绩效评估体系，其优点主要有：

（1）评价结果客观，并且具有切实可行的操作性；

（2）根据实际成果衡量一个人的工作完成得怎样，考核的对象可以测量，减少了考核中的纯粹推断成分。

其缺点主要有：

（1）过于注重结果的评估。在工作人们可能会由于一些客观原因，付出了劳动却没有达到目标，而结果测评正是去缺少对这种不可控制的因素的考虑。

（2）容易产生只看结果不问手段、片面追求短期利益等倾向。

我们应该注意的是，虽然以工作成果为标准对员工绩效进行评估具有很高的可操作性，在大部分企业里都有实行的空间，但这并不代表所有类型的企业或所有的企业部门的绩效都适合用这一标准来衡量。一般而言企业中可以运用成果评价绩效的领域有生产和销售部门，而人事、财会、研发、公关等部门并不适用此标准。

（三）日常行为

员工的日常行为可以作为评估的依据。在员工行为的评估方面常见的评估项目有服从命令情况、遵守纪律情况、按时出勤情况等。

由于生产性质的差异，有的企业在战略规划上将企业工作的按时完成视为企业目标实现的基础，在这种生产组织形式下的企业以行为为基础的绩效评估体系非常实用和有效。行为标准的评估方法的优点在于能够为职工提供有利于改进工作绩效的反馈信息；缺点是如何建立一套行之有效的考核行为尺度。如果能建立一套科学合理的评估行为的尺度，根据这个尺度考核职工的工作在行为标准的评估体系下其有效性和科学性都会得到极大的提高。以行为为基础的评估比较适合于绩效难以量化评估的工作，如经理人员和专业技术人员的工作。

通过上面的介绍我们可以看出这三种评估各种特点，它们之间区别在于侧重点的不同：个人品质评估着眼于考核对象"是个什么人"；工作成果评估更看重考核对象"干出了什么"；行为考核则关注评估对象"干了什么"。

二、绩效评估的主要方法

（一）关键事件法

关键事件法是以记录直接影响绩效好坏的关键性行为为基础的考评方法。关键事件指的是员工在工作过程中做出的对其所在部门或企业有重大影响的行为。这种影响包括积极影响和消极影响。使用关键事件法对员工进行考评，要求管理者需要将员工日常工作中的好的行为或不良行为认真记录下来，根据所做的记录来对员工的工作绩效进行评估。

关键事件法一般都可以作为其他评价方法的补充方法，它具有很多方面的优点：其一，它可以确保在对员工进行考评时，所依据的是员工在整个考察周期内的工作表现，而不是员工在近期内的表现，减小近期因效应问题所产生的考评偏差；其二，对关键事件的记录为考评者向被考评者解释绩效考评结果提供了确切的事实依据；其三，通过对关键事件的记录，管理人员可以获得一份关于员工消除不良绩效的实际记录。

第六章 企业员工绩效评估管理

关键事件法在具体操作时，也存在一些方面的不足，主要表现在，可能会产生管理人员漏记关键事件的现象。在大多数的情况下，刚开始，管理人员都是忠实地记录每一个关键事件，到后来因失去兴趣或是因为工作繁忙等原因而来不及记录，等到考评期限快结束的时候再去补充记录。这样，就很有可能会夸大近因效应而产生的偏差，从而影响对员工绩效评估的客观性。[①]

（二）评级量表法

评级量表法是企业经常采用的一种绩效考评方法，它主要借助事先设计的等级量和考核标准来对员工的工作绩效进行统一标准的考评。

使用评级量表进行绩效考评的步骤主要有：

（1）根据考评的目的和需要来设计等级量表（如表6-1所示），将有关绩效考评的项目分别列入表中，并具体说明每一项目的含义和量化标准。

（2）然后将每一考评项目分成若干等级并给出每一等级相应的分数，由考评者对员工每一考评项目做出恰当的评价和记分，

（3）最后计算出总分，得出考评结果。

表6-1 评级量表法示例

考核项目	考核要素	说明	评定
基本能力	知识	是否能充分具备现任职务所要求的基础知识和实际业务知识	A B C D E 10 8 6 4 2
业务能力	理解力	是否能充分理解上级指示，独立完成本职工作任务，不需要上级作具体的指示和指导	A B C D E 10 8 6 4 2
	判断力	是否能充分理解上级指示，正确地把握现状，随机应变，恰当处理	A B C D E 10 8 6 4 2
	表达力	是否具有现任职务所要求的口头表达力，能否进行一般的联络说明工作	A B C D E 10 8 6 4 2
	交涉力	在与企业内外的对手交涉时，是否具有使双方诚服、接受、同意或达成协商的表达交涉力	A B C D E 10 8 6 4 2
工作态度	纪律性	是否严格遵守工作纪律和规定，有无早退、缺勤等。是否严格遵守工作汇报制和报告制	A B C D E 10 8 6 4 2

[①] 刘翠芳. 现代人力资源管理. 北京：北京大学出版社，2006，第133页

续表

考核项目	考核要素	说明	评定
工作态度	协调性	在工作中，是否充分考虑到别人的处境，是否主动协调上级、同级和企业外人员	A B C D E 10 8 6 4 2
工作态度	责任感	对分配的任务是否主动积极，尽量多做工作，向困难挑战，主动进行改良、改进	A B C D E 10 8 6 4 2
评定标准	评定标准 非常优秀 优秀，满足要求 略有不足 不满足要求 非常差，完全不满足需求	最后评定分数换算 A-54 分以上 B-53-32 分 C-31 分以下	

（三）强制分布法

强制分布法也可以被称为强制正态分布法。企业的所有部门都都有优秀、一般和较差的员工，强制分步法就是针对这个特点来设定的。因此，在运用强制分布法进行绩效考评时，要求考评人员依据"中间大、两头小"的正态分布规律，预先确定评价等级以及各等级在总数中所占的百分比，具体的比例可以有所不同，但无论采用哪种比例，其分布都要符合正态分布的规律，然后按照被考评者绩效的优劣程度将其列入其中某一等级，如表6-2所示。

表6-2 强制正态分布表

等级	优秀10%	良好20%	中等40%	较差20%	最差10%
姓名	张红 …	李明 …	赵军 …	王丽 …	周强 …

强制分布法适用于被考评人员数量较多的情况，操作起来也较为简便。遵从正态分布规律，可以有效减少由于考评人员的主观性而产生的偏差。除此之外，这种方法也有利于管理控制，尤其是适用引入员工淘汰机制的企业，它能帮助筛选出被淘汰的员工。但是，这种方法也存在一定的缺陷，如果在某一个部门的所有员工工作绩效都很好，这时使用强制正态分布的方法进行绩效考评所得到的结

果就会失去公平性。

（四）配对比较法

配对比较法也称为两两比较法或对偶比较法，它是较为细化和有效的一种排序方法。

配对比较法的具体操作步骤是：

（1）将每一个考评对象的工作数量、工作质量、工作态度等基本工作要素按一定的顺序列好。

（2）将每一个考评对象的工作因素所有其他员工依次进行比较，将优秀者标记为"+"或"1"，将差一点的员工标记为"-"或"0"，

（3）最后计算出每一个被考评者所得正负号的数量或具体得分，并排序。

如表6-3是一张员工配对比较表，从中我们可以看出李明的工作情况在几人当中是最差的。

表6-3 员工配对比较情况

姓名＼被评价者	张红	李明	赵军	王丽	周强
就"工作态度"这一评价要素所做的比较					
张红		+	+	-	-
李明	-		-	-	-
赵军	-	+		+	-
王丽	+	+	-		+
周强	+	+	+	-	

配对比较法实质上是将全体被考评者看作一个有机系统，其准确度较简单的排序考评方法高得多。但是，该方法在操作时比较烦琐尤其是涉及人数较多时，考评者一定要注意考评数据的准确性。

（五）排序考评法

排序考评法是依据某一考评维度，如工作质量、工作态度或者依据员工的总体绩效，将被考评者从最好到最差依次进行排序。在这种绩效评估方法的实际操作中，又可以分为简单排序和交替排序两种方法。简单排序指的是，依据某一标

准由最好到最差依次对被考评者进行排序。交替排序指的是，则是先将最好的和最差的列出，然后再挑出次好的和次差的，以此类推，直至排完，最后将所有员工的姓名都列出来。将绩效评价最高的员工的姓名列在第一格中；将绩效评价最低的员工的姓名列在最后一格中。然后将次好的员工姓名排列在第二格中，将次最差的员工姓名排列在倒数第二格中。依次交替进行，直到所有的员工姓名都被列出。

排序考评法通常适用于小型企业的员工考评，而且被考评对象最好是从事同一性质的工作。排序考评法最大的优点是简便易行，省时省力。它的不足之处是：由于主要是依靠考评者的主观判断进行排序，不同考评者会有不同的倾向性，因此会在排序中产生一定的偏差；没有具体的考评指标，因此当两个人的业绩相近时，就会很难确定其先后顺序；被考评者只会知道自己的排序情况，却不能明确自身的优点和不足之处；缺乏具体的考评标准，无法同一组织中不同部门的员工进行比较。

（六）平衡计分法

平衡计分法是也是企业常用的一种绩效管理和评价方法，这种考评方式的关键是平衡计分法的编制和实施。一套科学合理的平衡计分法不仅需要企业将其内容与经营业绩、管理业绩相对、管理者的奖励与惩罚相等工作内容结合，还要与企业的发展战略与经营策略相结合。

平衡计分法的编制和实施应遵循以下几个步骤。

1. 明确企业发展战略和经营策略

企业的发展战略和经营策略是企业进行日常经营和管理的基本依据，对每个部门的工作都具有实际的指导意义，企业在进行平衡计分法之前应该对此有一个深刻并且明确的认识。企业平衡计分法的设计就是制定一些评价指标去衡量各部门管理人员所从事的和完成的工作是否可以完成相应的战略目标。同时，成立一个平衡计分小组或委员会专门解释企业战略和经营策略，使每个管理者对企业战略和经营策略都有一个深入的理解。

第六章　企业员工绩效评估管理

2．建立各项具体指标

既然是考评就必然有相应的评判标准，平衡计分法编制就是建立客户、财务、内部经营、学习发展以及发明创新的具体指标，还要为四类具体指标找到最贴切的管理业绩评价指标，有时候需要量化表示。就一般的平衡计分法来说，每个子模块需要制定 3~5 个合适的指标，这些指标在性质上既是每一类具体指标分解的结果，又是每个子模块的有机组成部分。

3．确定具体量化目标

企业平衡计分卡编制的第三个步骤是确定每一阶段管理业绩评价指标的具体量化目标，并据此制定管理者的工作计划，安排生产者的工作进度。企业在计划制定好之后，还须经常用指标去测评计划实施效果，并与预期目标相比较，看他们是否相符。如果测评结果与预期效果有较大差异，那么企业必须要及时对平衡计分法进行相应的修改。

4．修正平衡计分法

通过第三步的介绍我们知道，测评结果与预期效果可能会产生较大的差异。平衡计分法的修正是企业整个编制过程的最后一个环节，在该环节企业通过调查表等方式征求并采纳员工提出意见合理意见，通过平衡计分法相应指标的修改完成对企业管理的调整。在修改过程企业员工的作用不可忽视，因此企业应该充分发挥员工的主人翁精神，让更多的员工参与到管理业绩评价的监督行动中来，防止"官富民贫"的不合理现象的出现。

（七）360 度考核法

大部分企业在进行绩效考核时，由上级主管人员来完成。随着经济环境和企业经营组织模式的改变，这种考核方式信息考核面较窄的缺点日益突出，并且会考核的客观性和公正性的丧失。在这种背景下有一部分企业提出了 360 度考核法，该方法的考察主体更加丰富和广泛（上级主管、同事、下属和顾客等）是企业可以从不同的角度来对员工的绩效进行考核，准确、全面地考核员工的工作业绩。360 度考核法主要按照以下几个方面来实施。

1. 考核方法

360度考核法是一种基于经理、客户、合作者、供应商等信息资源的收集、提供考核并考核绩效的方法。

在通常情况下，评分表都是以无记名的方式进行收集的，以便提供信息者能轻松诚实的评分。然后评分表由人或计算机程序分别进行汇总。最好是员工能有机会就评分情况同经理谈一次。当然也还有一些不同的方法。

2. 考核者

考核者可由以下两个方面构成。

（1）同事。每个人都不是孤立存在的，自己的行为会对周围的人产生或大或小的影响，在绩效考评上这一点是指每个员工多工作的态度和行为都在客观上影响着周围的人。在进行绩效管理和评价时应考虑这种相互作用和依存关系，因此员工也需要同伴的考核和信息，以便他们更好地提高和成为更好的团队成员。

（2）客户。由于企业的成功或失败都是不以任何人的意志为转移。让员工接受来自上司的信息考核和评价是个好主意，但是这还远远不够企业的管理人员也应该尽量听取顾客的意见。这确实有意义。客户是拿走企业生产出来的产品即输出物的人。但还有供应商，这些人提供输入物即企业加工用的原材料。客户服务和质量管理方面的专家认为这方面的关系也很重要。

第三节 绩效评估的系统设计与具体操作

一、绩效评估的系统设计

企业应该对绩效评估系统有一个全面和深入的了解，这样对绩效评估的实际操作会产生重要的作用。实际上，绩效评估本身并不是一个孤立的评估体系，它是与许多方面结合在一起的，只有从各方面配合进行，才能保证绩效评估的顺利进行（如图6-2所示）。企业组织想要建立一个良好的绩效评估系统，就必须要做到以下几个方面。

（1）在进行绩效评估之前要向员工传达其对他们取得优异绩效的期望。

第六章 企业员工绩效评估管理

（2）选择恰当有效的绩效评估方法来对员工的工作表现和工作成果进行评价。

（3）进行职务分析，确定各项工作的职责，并以此为基础制定相应的绩效评估标准。

（4）明确组织的总体战略目标及其对人力资源的管理要求。

（5）建立与工作绩效挂钩的信息反馈机制。

（6）对绩效评估系统最终实现的有效程度进行评价，并在这个基础上对绩效评估系统进行必要的修订。

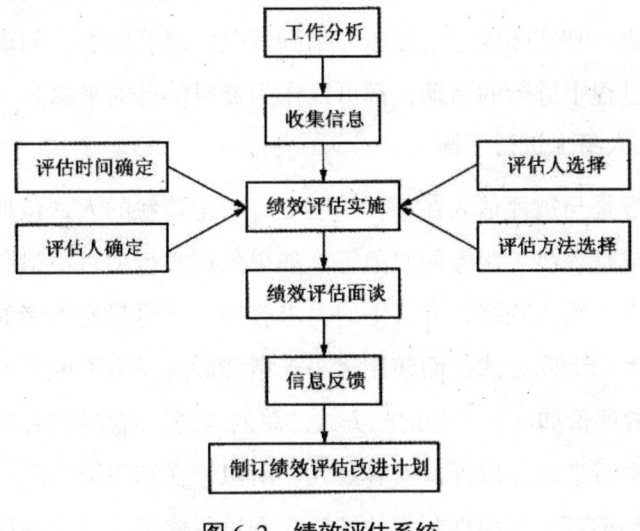

图 6-2　绩效评估系统

二、绩效评估的具体操作

（一）收集情报

收集情报是指在前一次评估至下一次评估间隔内观察员工的行为表现或听取组织内其他人观察到的该员工的行为表现。这是绩效评估的基础工作，如果不对这一基础工作加以重视，评估就会失去客观的事实依据。在收集情报环节中，最常见的是"关键事件法"。这种方法所收集到的事件资料，都是明确而易于观察的，并且直接关系到员工工作绩效的优劣。在进行事件收集后，还要加以分析和整理，然后填在特殊设计的考核表上，并用标题将资料进行分类，以便以后查找。

在这项考核记录另外还备有使用手册，将记录上所列的多项具有关键性的要求还要加以详细说明。部门主管要将收集到的资料分别登录在考核记录上，该记录分为蓝、红两色各占半页，如资料属有效益者则记在蓝色区，如为无效益行为则记在红色区域，手册要求主管所登录的必须是直接观察所得到的，而且，还要能清晰显示出来，该行为表现对组织来说是正面的还是负面的。在收集评估"关键事件"时，主管可以通过以下两个主要来源获取资料信息：

1. 日常工作表现的记录

这些记录包括生产产品的质量、工作中的努力程度、是否安全操作、是否按时完工、预算成本和实际成本的比较、出勤情况，以及顾客、同事抱怨的次数等何种在工作的过程中进行的活动，都可以作为资料信息的来源。

2. 从其他人身上进行了解

这些人最好是与被评估人在某种程度上有一定接触的人，包括被评估人的直接主管、同事或是该员工服务的对象等。如果公司实行项目小组制且有该员工的参与，则与小组负责人联络，方式上应力求客观，并尽量避免诸如"您认为小李怎么样？"此类的询问方式，而使用"小李帮您做过哪方面的事？"或"关于这方面，您对他的评价如何？"等询问方式。总的来说，就是资料的来源越多越好，但应注意慎重进行选取，以保持其客观性。所以，在获得资料后，还应该对这些资料尽心分析和整理，并根据制定的绩效标准进行修正，以求获得较为客观的评估结果。

（二）设定评估的间隔时间

设定绩效评估的间隔时间对评估操作过程来说，也是十分重要的一个环节。设定的间隔时间因工作性质而异，要充分讲求设定的科学性，如果设定的间隔时间太短，那么就需要投入大量的人力、物力、财力，这样就使得获得的评估结果所耗费的成本过高，如对流水线操作工进行绩效评估就没有必要间隔时间太短。如果评估的间隔时间太长，就会失去绩效评估对员工工作应有的监督作用和威慑力，也不能让员工对自己的工作及时获得反馈信息，影响员工改正工作方法，提高工作效率。就评估的科学性而言，不同的工作应设定不同的评估间隔期。一般的评估间隔期应为 6 个月至 1 年，对大多数工作，如熟练的流水线操作工或组织中常规的管理人员，这一评估间隔期是比较合理的。但对于项目制工作而言，一般在一个项目结束后进行绩效评估或在期中、期末进行两次评估。对于培训期的员工，绩效评估的间隔时间设定应比较短，以使员工能够及时获得反馈和指导。[1]

除此之外，绩效评估的间隔期因评估目的不同也应有所不同。如果评估的目的是为了进行人事调动或晋升，那么就对员工工作绩效观察相对较长的时间，以免被一些员工投机取巧的行为所蒙蔽；如果评估的目的是为了更好进行上下级间的沟通，提高工作效率，那么间隔期就应适当地短一些。如果一个员工长期的工作绩效都保持领先并呈现不断上升的状态，那么部门主管就应考虑给他加薪或升职；如果员工的工作绩效在长期都处于较低的状态，那么主管就应考虑让其他人来替代其工作岗位。

（三）360°绩效评估

360°绩效评估又称为全方位绩效评估，即评估人选择上司、同事、下属、自己、客户和专家，每个评估者站在自己的角度对被评估者进行评估。进行多方位的评估，可以避免一方评估的主观武断，可以增加绩效评估的可信度，其中每位参与评估者的评估权重可以不同。

1. 上司评估（60°）

上司是指被评估员工的直接主管，也通常是绩效评估中最主要的评估者，好的主管比其他任何人都更了解下属的工作和日常行为表现，因此他在绩效评估中最有发言权，权重也最大。

（1）上司评估的优点。

① 有机会与下属更好地沟通，了解下属的想法，发现下属的潜力；

② 评估可以与自身的加薪、奖惩等直接结合。

（2）上司评估的缺点。

① 上司的评估会有时会沦为当方面的说教；

---

[1] 胡君辰，杨林锋. 企业人力资源管理[M]. 上海：格致出版社，2010，第 215 页.

② 由于上司掌握着切实的奖惩权，在评估时，下属会感到心理负担较重；

③ 上司可能会有一定的主观偏见，不能保证评估的公平与公正性，可能会打击下属的积极性；

④ 上司可能缺乏评估的训练和技能。

尽管上司的评估有诸多不足之处，但在实际的工作中，上司评估往往是权重最大、最普遍、最不可缺少的一种评估方式。

2．同事评估（60°）

同事是与被评估者朝夕相处的人，对被评估者的日常行为和工作观察地最深入，了解地最透彻、也最熟悉业务、方法和成果。如果同事是同一项目小组的，那么被评估者对项目小组的工作贡献大小同事了解得最清楚。因此，同事评估的最大优势就在于了解全面，并且真实。如果同事进行的评估能采用实事求是的态度，则那么同事反映的情况就是最为可信的。

但同事评估也有一定的缺点，并且还是其优势的伴生物，即正因为同事之间易于沟通、了解较深，致使同事评估往往会顾及"个人交情"，使评估结果与实际情况不相符。在大多数的组织结构中，竞争式的奖惩制度被普遍采用，在激烈竞争的环境下，同事之间也会不可避免地出现利益之争，这样也会导致评估结果不符合实际情况。在不同的企业，同事之间的合作关系也有所不同，若合作形式是项目小组，那么同事之间的相互作用就会显得十分密切，如果其中一名成员做事拖沓，就会打乱其他人的时间安排，导致小组整体绩效下降。在这种情况下，同事评估对揭露问题、鞭策落后就会起到积极作用。在一般情况才，同事评估的方面主要包括：

（1）时间观念，指被评估人参加的活动和任务是否及时；

（2）参与性，指被评估人是否积极参与小组的讨论及其他活动；

（3）计划和协调能力，指被评估人能否计划好自己的工作任务，能否协调好自己和同事之间的工作分配，以取得整个项目较快的进展；

（4）对小组的贡献，指被评估人在小组中是否能经常提出好的意见、建议及有创意的想法；

（5）人际交往技巧，指被评估人是否能与同事保持融洽的关系。

3．下属评估（60°）

下属对上级进行评估一般情况下不在国内的企业中使用，它在开放的国外企业中也是近年来才发展起来的。尽管下属评估是一种新生事物，但是它对培养企业的民主作风、提高企业员工之间的凝聚力等方面都起着非常重要烦人作用。美国的通用电气、杜邦等大型跨国公司早已经纷纷引入了下属进行评估的评估体系，并取得了良好的效果。

（1）下属评估的优点。

① 能够达到权力制衡的目的，下属评估使企业的高层在工作中也受到有效的监控，防止在工作中出现独裁武断的情况。

② 帮助上司发挥领导管理的才能，下属评估会把上级工作中的不足之处以及在处理上下级关系中的不足之处揭示出来，促使上司完善领导指挥方式，提高工作效率。

（2）下属评估的缺点。

① 下属对上司的工作不可能有非常全面的了解，因此在评估时往往侧重于个别方面，容易产生片面的看法。

② 上司可能并不会真正对下属的意见看重，即使承诺进行改正，但往往也只是口头上的承诺，不会付诸实际行动。

③ 下属在对上级主管进行评估时往往不敢实事求是地发表意见，甚至为了避免上司的报复，他们会夸大上司的优点，而对上司的不足之处只字不提。

4．自我评估（60°）

自我评估是设立目标时鼓励员工进行参与的项目。自我评估通常是目标管理的一个重要组成部分。员工参与设定目标会使员工在工作中更明确目标、明确自身努力对于达到目标的作用，这样，员工在实际的工作中就会表现出更多的主人翁态度，从而提高企业员工的凝聚力。

（1）自我评估的优点。

① 能够增强员工的参与意识；

② 评估的结果具有建设性，能够有效改善员工的工作绩效；

③ 在评估方式中是最轻松的，对评估人和被评估人都是不具有威胁性，不会感到很大的压力。

（2）自我评估的缺点。

① 自我评估只倾向于提高自己的绩效评估，结果往往不同于与上司或同事的评估；

② 当评估结果用于行政管理时，自我评估会受到系统化的误差。

5. **客户评估（60°）**

客户评估也是评估信息的来源之一。客户是企业的外部人员，不受企业内部利益机制的影响，因此评估会显得更加真实和公正。但客户评估的操作又较为困难，只适用于评价企业内与客户接触较密切的员工，如销售员、售后服务部人员等。

（1）客户评估的优点。

① 客户评估较为客观公正；

② 使每一位受评估者强化了要以消费者满意度为导向的服务观念；

③ 使公司重视在公众心目中的形象，这一形象会通过企业的每一个员工反映出来。

（2）客户评估的缺点。

① 比较费时费力。由于客户不是企业的内部员工，因此不能用行政命令规定其必须要在一定时间内完成评估任务，说服客户配合企业的业绩评估活动，无疑是一项费时费力的工作。

② 难以操作。由于每个企业员工接触的客户可能是不同的，不同客户的评估标准又有所不同，故对企业员工来说，客户评估没有统一的标准。

6. **专家评估（60°）**

专家是指在绩效评估方面有专业知识的专业人员，他们往往是企业的外部人员，不受企业内部利益机制的影响，因此相对公正。但同时专家评估的难度也比较大，要求比较高，只有在评估企业高级人才时才会使用。

（1）专家评估的优点。

① 易在公众中建立良好的形象，统一评估，没有偏误；

② 专家在这方面是最具权威的发言人，易被员工所信服。

（2）专家评估的缺点。

① 专家的评估有时太过于笼统；

② 费时费力，在时间上难以控制，同时需要较多的经费支持；

③ 较难以操作，专家的选择较难进行，针对不同的企业的评估有较大的差异，难以进行统一。

（四）绩效评估面谈

绩效评估面谈在绩效评估操作过程中是十分重要的一个环节，是关系到绩效评估成功的关键。绩效评估面谈是指在绩效评估表格填好之后，已经对被评估者的各方面有一定的了解，然后针对评估的内容与被评估者进行面对面的交流活动。

1. 绩效评估面谈的内容

（1）询问被评估者对评估内容的意见，指出其需要进行改正的地方。

（2）了解被评估者对这次进行绩效评估的具体看法。

（3）在对改进方案方面进行探讨，找出适合被评估者的最佳方案。

（4）询问被评估者针对评估内容的意见或建议，以及他们对日后工作目标的看法。

2. 绩效评估面谈的好处

（1）有利于对评估内容进行完善。

（2）有利于评估者更好地了解被评估者的思想。

（3）有利于为绩效改进计划的实施打下坚实的基础。

（4）有利于更好地实现评估目标，充分发挥绩效评估的作用。

三、对绩效评估系统进行改进

企业在制定绩效评估系统并进行实际操作之后，还有一个重要的环节就是根据收集到的被评估人对评估的反馈意见来对企业的绩效评估系统进行修正和改进。由于企业实行绩效评估的一个主要目的就是改进员工的绩效，因此企业的主管人员和下属员工都应该合力完成绩效的改进工作。

1. 企业对绩效进行改进的原则

（1）要先从企业员工愿意改进的地方着手，这样有利于激发员工改进工作的动机，因为在大多数情况下，企业员工都不会愿意从他根本就不想改进的地方着手。

（2）对员工绩效不足的方面进行重新评估。企业在获得评估的结果之后，为了保证评估结果的真实性，以及降低企业员工的不满情绪和让他们信服，因此企业应该着重对评估不合格的地方进行重审，防止由于评估主管的失误而不能真正觉察到员工在工作之中的缺点，也防止评估主管将员工独特的优点错看作缺点的情况出现。

（3）企业要针对想要改进的地方，考虑所要花费的时间、精力和金钱，然后选择最合适的方面进行改进。

（4）要从易出成效的方面开始改进。立竿见影的经验会带给员工更大的成就感，同时也会有助于顺利实现其他方面的改进工作。

2. 绩效改进的实施

为了尽量完善企业的绩效改进计划，就应该注意以下要点：

（1）改进计划要获得企业员工的认同。在改进计划制定出来之后，企业的主管和员工都需要接受这个计划，并且还有尽自己的权利去认真实行，不能只是只做表面性的文章。

（2）计划内容要实际。拟定的计划内容必须要与待改进的绩效有密切的联系，如果只是让员工学习一些很浅显的理论知识，那么这样的计划是没有多大的现实意义的。

（3）计划要有时间性。绩效改进计划的拟定必须要制定截止日期，而且应该有分阶段执行的时间进度表，这样才能让计划更有效的实行。

3. 绩效改进过程中应注意的问题

企业制定绩效改进计划设计的主要目的在于促使员工自发改变自身不恰当的

行为。为了顺利实现这个目的，企业必须要注意以下几个方面的问题：

（1）意愿。员工自己要有想要改变的意愿。

（2）知识和技术。员工要知道应该做什么以及如何去做。

（3）气氛。员工应该是要在一种鼓励他改进绩效的环境里进行工作，想要造就这种积极的工作氛围，其中一个最为重要的因素就是主管。如果员工可能因为畏惧失败而不敢进行改变，这时就需要主管去协助他们，帮助他们建立信心。

（4）奖励。如果员工知道行为在改变之后会获得一定的奖赏，那么他们就会更为容易接受改进的思想。奖励的方式可以分为物质方面和精神方面。其中物质方面的奖励主要包括加薪、奖金，或是其他福利；而精神方面的奖励主要包括自我的满足、加重自由、表扬、更多的自由与授权等。

第四节 企业绩效评估的创新

一、绩效评估内容的创新

人力资源的绩效评估又叫作绩效考评、绩效评价或是员工考核，指的是一种对员工进行评估的正式的考评制度，也是对人力资源进行开发与管理的一项重要的基础性工作，其目的是想要通过科学的方法或是原理对员工在职位上的工作行为和工作效果进行评定和测量。在英美等国家，主要是对员工的"考勤"（工作态度）与"考绩"（工作成果）进行评估，主要是从员工的"个人特征""工作行为"和"工作结果"三个方面具体来进行评估的。对于我国来说，当前企业内进行的较小评估主要是从员工的"德、能、勤、绩"四个方面来进行的。在新的经济形势下，就需要对企业人力资源的评估内容进行创新，才能促进企业长久持续的发展。

企业对员工的绩效评估不应该再仅仅局限于那些条条框框之中，应该随着市场和企业的不断发展而及时对绩效评估的内容进行创新。新的考核的标准不仅要从行动上让员工感受到考核的动力，而且还要从心理上给员工制造一个增优创优的环境。只有这样，才能使企业进行的绩效评估活动发挥更大的作用，为企业的发展做出更多的贡献。企业绩效评估内容的创新，可以从员工的组织能力、技能力、创意能力、分析能力、处事能力、沟通能力、协助或领导能力等几个方面来进行评估，这样可以更好的结合绩效而量化考核，从而有力地推动绩效考核内容的创新与完善。

二、绩效评估方法的创新

（一）绩效评估创新的原则

在对企业的绩效评估进行创新时，需要遵循一定的原则，主要包括：

1．要将对企业员工绩效的评估同企业的发展前景相结合。

2．企业对员工绩效评估的创新要能够为员工的晋升、解雇或是调整岗位来服务，为确定员工的工资、奖励、开发潜能和教育培训来服务，并且要求所获得的评估结果能够为企业的财务部门、人事行政部门或是生产部门等制定适当的工作计划和决策而提供一定的参考价值。

3．要在确定各评估指标的权重和对被评估人进行多角度评价时，引入定性与定量相结合的绩效评估方法。

4．在对企业的绩效评估体系进行创新时，还要坚持按绩效评估的程序来进行。在具体的实施中应注意按照工作分析的原理对企业所设置的每个职位的工作性质都进行分析和确定，并制定岗位说明书，明确员工个人绩效评估的目标，最后还要同员工进行沟通以使每个被评估者都能够对这一目标表示理解。

（二）绩效评估方法的创新

1．量化评估指标方法的创新。企业在对员工进行绩效评价时，总是会遇到如何对评估指标进行衡量的问题。在那些可以被直接观测的指标当中，总是会产生具有相互冲突的多维特性，指的是由于过度强调某一方面的特性而可能会产生一些不恰当的激励作用，如处事能力指标，很有可能会激励经营者为了追求巨额利润而做出"拼设备"的不恰当的短期化行为。可观测的指标不仅会受到经营者的决策行为的影响，并且还会受到许多非经营者所控因素的影响。如果企业经营者的报酬同这些指标产生直接的联系，就很有可能会让评估失去其原有的公平性，从而产生一些无法想象的副作用，如技术能力指标除了会受到经营者能力和努力程度的影响外，还会受到企业条件、外部环境等多方面因素的影响。因此，当前对于经营者的业绩同那一个指标进行"挂钩"的问题还没有一个统一的结论。这就需要企业在对权重重新进行设置的时候要对不同企业在同一指标下的权重问题综合进行考虑，这时的评估方法就可以采用头脑风暴法，由专家先对指标进行打分，然后再将其放在典型行业内以检验其准确性，最后就可以将其作为行业指标权重运用于那些相同或是相近的行业之中，避免出现仅仅凭借指标权重就确定行为的情况出现。

2．评估模型的创新。将在评估的过程中综合运用统计分析方法、企业管理所使用的一些模型，以及借鉴边缘学科而形成的方法体系，在综合运用各种方法的基础上，可以对其进行横向的比较，由此来对其可行性进行分析。并且还要对适合于不同的企业所采用的方法进行探索，以促进评估方法的准确性和有效性。然后，在此基础上提出相关的模型检验。

第七章　企业员工薪酬与福利管理

第一节　薪酬管理概述

一、薪酬

（一）薪酬的构成

1. 工资

工资是薪酬的最基本也是最主要的构成要素，具体来说就是企业支付给员工的较为稳定的经济报酬。工资是由固定工资、计时工资以及计件工资这三种工资共同组成的。

（1）固定工资。固定工资是指组织按照一定的期限（周、月、季、年）支付给员工相对固定数量的经济报酬，固定工资水平的高低与企业的性质和经营效益有直接的联系。

（2）计时工资。计时工资是指组织按照员工的工作时间（通常以小时为单位）支付给员工较为稳定比例的经济报酬。一般来说，及时工资主要应用于兼职性质的工作，比如钟点工。

（3）计件工资。计件工资是指企业根据员工完成的任务多少支付给员工较为稳定比例的金钱。最初计件工资多应用于劳动密集型行业的一线操作岗位，但是随着市场经济的不断成熟，现在越来越多的企业开始采取计件工资（绩效工资）制度来激发员工的工作积极性。

2. 奖金

奖金是指由于员工杰出的表现或卓越的贡献，企业支付给员工工资以外的金钱。奖金也是薪酬的一个重要组成部分，并且承担者提高员工对企业的忠诚度和增强其企业文化认同感的重要作用。

3. 佣金

佣金是指由于员工完成某项任务（常常以金钱作为基数单位）而获得的一定

比例的金钱，可以认为是奖金的一种形式。佣金也可以叫作提成，是在销售领域采用比较普遍的一种薪酬制度。

4．福利

福利是指企业为员工提供的除金钱之外的一切物质待遇。福利可以保持员工工作和生活的愉悦，大部分的福利会为与员工的生活和工作带来一定的便利或者享受。

5．激励因素

激励性因素是指企业为员工提供的、能激励员工为了达成组织目标努力工作的一切事物，激励因素包括物质激励因素和精神激励因素两种。

（二）薪酬的作用

1．吸引人才

在市场经济条件下，员工参加工作的最根本目的就是获得更好的经济待遇。因此，在这种价值导向下如果企业能够提供较高水平的薪酬无疑会大大增强企业的人才吸引力。但我们应该明白一个关系，高工资并不意味着企业必然会吸引到优秀的人才，但是报酬系统的完备与优秀一定能吸引更多的人才加入企业。

2．留住人才

企业给予员工的工资是对员工个人价值的肯定，如果企业的薪酬系统想要为企业留住和吸引优秀的人才。一般来说，如果员工能够在企业中工作较长的时间，并且工作很努力，企业会给予其较高的薪酬。

3．激励人才

薪酬是一种有效的激励手段，科学的薪酬制度可以促使企业员工更加努力的工作，因为他们不想失去这份待遇不错的工作。检验薪酬系统是否有效运作的一个主要指标是，薪酬管理系统对员工和企业绩效的提升程度，如果企业的报酬系统能让员工报以，那么它促使每个员工自觉地为企业目标努力工作。

4．满足组织的需要

市场经济条件下，最大限度地获取利益是每个企业都在追求的目标，薪酬水平的提高会增加企业的人力资源成本，减少企业的盈利空间。但是，企业应该看到科学的报酬系统还是一个双赢的利益获取系统，最基本的表现就是企业为员工提供报酬，员工为企业创造效益。

二、薪酬管理

（一）企业薪酬管理的内容

薪酬管理是企业人力资管理的一个重要内容，具体来说薪酬管理就是管理者对员工的薪酬的发放水平、发放标准、组成结构等内容进行设计和调整的过程。薪酬管理的内容有很多，但总结起来主要包括以下四个方面。

1. 确定薪酬管理目标

在组织进行薪酬管理目标之前，制定者应该明确企业的人力资源战略规划及其目标，在其指导之下科学确定薪酬管理的目标。薪酬管理目标的确定应该遵循以下三个原则：

（1）有助于企业稳定员工队伍，吸引优秀人才。

（2）有助于激发员工热情，创造高绩效。

（3）有助于组织目标和个人目标的统一。

2. 选择薪酬政策

薪酬政策，就是管理者根据企业战略管理目标和人力资源管理实际，对薪酬管理系统的目标、任务和手段的选择与组合，简单地说就是企业为实现战略规划目标在薪酬管理上的基本策略。

企业的薪酬政策通常包括以下三个方面的内容：

（1）薪酬成本投入；

（2）工资制度；

（3）工资结构以及工资水平。

3. 制订薪酬计划

简单地说，薪酬计划是企业对薪酬管理所进行的规划，主要内容包括预计薪酬水平、支付结构以及支付方式等。企业的薪酬计划是企业薪酬政策和具体化，可以说薪酬计划是薪酬目标顺利实现的基础。企业在制订薪酬计划时要坚持与企业目标管理相协调以及以增强企业竞争力为目标两个基本原则。

4．调整薪酬结构

薪酬结构，就是员工之间的薪酬水平以及员工薪酬构成要素之间的构成比例。薪酬结构具体地讲包括以下三个方面的内容：

（1）工资成本在同一岗位不同员工之间的分配；

（2）工资成本在职务和岗位之间的分配；

（3）工资成本在基本工资和浮动工资之间的分配；

（二）影响企业薪酬管理的因素

1．外在环境因素

（1）我国的相关政策与原则。为了保障广大工薪阶层的根本利益，我国企业员工的工资报酬由国家有关法律进行宏观调控性的调整。概括起来，我国工资报酬制度的基本原则主要有以下几个。

① 多劳多得的按劳分配原则；

② 坚持在发展生产、提高劳动生产率的基础上，遵循兼顾国家、集体以及个人利益的原则，逐步提高员工的工资报酬水平；

③ 工资标准的确定和工资的增长，应全面考虑各方面的关系，统筹兼顾，适当安排，以处理好各种差别，增强劳动群众之间的团结，鼓励员工提高技术，促进劳动生产率的不断提高；

④ 努力做好政治思想工作，坚持精神鼓励与物质奖励相结合的原则；

⑤ 各企业员工工资的变动应上报各级财政主管部门，以便国家掌握对国家财政收支的宏观调控。

（2）劳动力市场的供求状况。在市场经济条件下，劳动力市场的供求状况直接影响着员工对其报酬的期望。劳动力市场的供求状况是调整劳动力流向，进而调节报酬水平的重要杠杆。由于我国社会主义市场经济体制尚在建立和完善过程中，劳动力市场的发育尚不够完善，劳动力市场的供求状况对企业报酬的影响，目前还不够直接或明显。随着社会主义市场经济体制的最终确立，劳动力市场的供求状况对报酬的影响将会越来越明显。

（3）居民生活水平。企业在制定报酬制度的时候，必须考虑居民的生活水平。虽然企业的收入水平相对较高，但客观上与居民生活水平存在着比较关系，企业把自己的报酬水平确定在什么标准上，以及与社会居民的收入水平、生活水平是什么样的比较关系，是企业管理者在制定报酬制度时需要考虑的因素。

2．组织内在因素

组织内在因素对企业的薪酬管理具有最直接的影响，例如企业的财务能力、预算控制、薪酬政策、企业规模、企业文化、比较工作价值、竞争力、公平因素等。这些因素直接影响着企业的薪酬水平，特别是影响那些非固定收入水平，如奖金、福利等。

3．个人因素

每个人都是具有不同于他人的个人特质，年资、绩效、经验、教育程度、发展潜力、个人能力等个人要素的差异对员工的薪酬水平具有很大的影响。

（三）薪酬管理的原则

1．战略导向原则

战略导向原则强调企业薪酬管理必须从企业战略的角度出发，制定符合企业发展战略的薪酬政策和制度。薪酬管理可以驱动和鞭策那些有利于企业发展战略的因素的成长和提高，同时使那些不利于企业发展战略的因素得到有效的遏制、消退和淘汰。因此，企业在实施薪酬管理时，必须从战略的高度来对哪些因素重要，哪些因素不重要进行分析，通过一定的价值标准，给予这些因素一定的权重，同时确定它们的价值分配即薪酬标准。

2．激励性原则

薪酬管理的最终目的就是要激发员工的积极性，充分发挥出他们潜能。例如，同样是10万元，一种方式是发4万元的工资和6万元的奖金，另一种方式是发6万元的工资和4万元的奖金，激励效果完全是不一样的。激励作用原则就是强调企业在实施薪酬管理时必须充分考虑薪酬的激励作用，即薪酬的激励效果，要充分考虑各种影响因素，使薪酬的支付获得最大的激励效果。

3．公平性原则

行为学家认为，员工会对自己的付出与收获进行比较，甚至与其他人比较。如果他的所得与他的付出不相符合，他的积极性就会被打击。这里所指的公平主要是指同工同酬，不同工不同酬。这句话的意思是指：在企业内部及该行业中，相同资历、相同职务、相同付出应该获得同等报酬；不同资历、不同职务、不同付出应该获得不同报酬。

4．竞争性原则

企业的薪酬要想能够吸引并保留住人才，就必须保证企业的薪酬水平在市场上具有一定的竞争力，否则企业将无法吸引和留住企业发展所需的战略、关键性人才。

5．经济性原则

企业在进行的薪酬管理时必须充分考虑企业本身的实际情况，进行成本分析与控制。它主要包括两个方面的含义，短期来看，企业的销售收入扣除各项非人工费用和成本后，要能够支付起企业所有员工的薪酬；从长期来看，企业在支付所有员工的薪酬，即补偿所用非人工费用和成本后，要有盈余，这样才能支撑企业追加和扩大投资，获得企业的可持续发展。

6．合法性原则

法律是保障整个人类社会正常运转的保障，具有最高的权威性和严肃性，所有的社会活动必须在法律允许的范围内进行。因此，企业的薪酬管理政策要符合国家法律和政策的有关规定，例如遵守《劳动法》中最低工资标准等基本的法律条款，保障薪酬管理的合法性。

第二节 职位薪酬体系设计

一、职位薪酬体系

（一）职位薪酬体系的概念

职位薪酬体系是目前在世界范围内的应用最为广泛的一种薪酬管理制度。职位薪酬体系是企业根据职位本身的客观条件来决定承担某一职位工作的员工在该岗位获得与其能力和劳动价值相当的薪资报酬的薪酬管理和制度。职位薪酬体系的并不是新近产生的，它具有比较长的应用时间和丰富的应用实践，其最大的特点是"按劳分配"。

除了职位薪资体系以外，技能薪资体系和能力薪资体系也是经常被企业采用的两种薪资体系。与职位薪酬体系不同，技能薪资体系和能力薪资体系更看重职工在工作岗位上的工作表现和实际的工作绩效。职位薪酬系统是建立在每一个职位上的人都能恰好具备完成工作的能力这个基础之上的，但是由于员工个人能力的差异，这种状态不能够真正意义上实现。这是因为员工不能胜任工作，或者实际的工作能力超过岗位要求的情况十分普遍。

（二）职位薪酬体系的优缺点

1. 职位薪酬体系的优点

职位薪酬体系具有以下三个方面的优点：

（1）实现了真正意义上的同工同酬，因此可以说是职位薪酬体系是一种真正按劳分配的薪酬制度。

（2）职位薪酬体系是按照职位对员工的薪酬进行管理的，管理过程比较简单，管理成本较低。

（3）晋升和基本薪酬增加之间的连带性加大了员工提高自身技能和能力的动力。

2. 职位薪酬体系的缺点

职位薪酬体系具有以下两个方面的重要缺陷：

（1）薪酬与职位的挂钩这一做法导致员工在没有获得职位晋升之前的薪酬水品可能会长期处于一个水平，不利于激发员工的积极性。

（2）由于过度的追求稳定导致员工薪酬难以适应多变的外部经营环境，这对员工的激励造成了一定的困难。

二、职位薪酬体系实施的前提

组织在实施职位薪酬体系时需要具备一定的客观条件，如果企业实施职位薪酬体系的条件不成熟却强制施行的话,有可能会引起员工的不满或者人力资源成本的增加,从而影响企业的正常经营。一般来说,企业在施行职位薪酬体系之前需要对以下几个方面的情况做出评价,以考察组织所处的环境是否适合采用职位薪酬体系。

(一)职位的内容是否明确、规范

职位薪酬体系的一个最基本要求就是纳入职位体系的工作职位是否是明确的、具体的。因此,企业必须保证纳入职位体系的各项工作有明确的工作内容、专业的技能要求以及明确的岗位职责,同时还必须保证这些职位所面临的工作难点也是具体的、可描述的。换句话说,企业在实施职位薪酬体系之前必须进行职位分析。

(二)职位的内容是否稳定

只有当职位的内容保持基本稳定的时候,组织才能使工作的序列关系有明显的界线,不至于因为职位内容的频繁变动而使职位薪酬体系的相对稳定性和连续性受到破坏。

(三)是否有按个人能力安排职位或工作岗位的机制

由于职位薪酬体系的最基本特点就是根据职位本身的价值向员工支付报酬,因此,如果员工本人的能力达不到岗位需求,其所创造的价值就难以与职位本身价值相匹配,这种情况的直接后果就是薪酬支付不公平的产生,因而,组织必须能够保证按照员工个人的能力来安排适当的职位,既不能存在能力不足者担任高等级职位的现象,也不能出现能力较强者担任低等级职位的情况。如果员工的人的个人能力在积极的工作中得到了提高,那么企业应该考虑给予其更高薪酬待遇的工作岗位。

(四)是否存在较多的职级

在实施职位薪酬体系的组织中,无论是比较简单的工作还是比较复杂的工作,职位的级数应该比较多,因为这是保证组织能够为员工提供一个随着个人能力的提升从低级职位向高级职位晋升的机会的结构保障。如果企业的职位等级比较少,那么大批能力得到提升的员工就难以得到提升，这会导致员工的工资增长渠道被阻塞，这对员工积极性的损害是巨大的。

（五）薪酬水平是否够高

这是因为即使是处于最低职位级别的员工，也必须能够依靠其薪酬来满足基本的生活需要。如果组织的总体薪酬水平不高，职位等级又很多，处于职位序列底层的员工所得到的报酬就会非常少。

三、职位薪酬体系设计的基本流程

企业薪酬体系的建立不是一朝一夕能够完成的，并且也不能只靠理论和封闭的思考来完成。企业薪酬体系的建立应该遵循事物发展的基本规律，一般来说，企业薪酬体系的建立需要完成以下几项工作。

（一）职务分析

职务分析是企业薪酬管理体系设计的基础工作。一般情况下，员工的工资水平与工作内容的重要性、岗位性质以及岗位对企业的贡献等要素紧密相关。因此，企业在进行薪酬体系的设计时根据员工的岗位职责、工作内容、法定权利、任职要求等因素，科学而合理地制定薪酬的发放制度和薪酬水平。这个价值的确定并不是人力资源管理者根据自己的主观推测得出的，而是建立在科学分析基础之上的，这可以保证薪酬的公平性和科学性，也是企业重视员工保证薪酬公平的基础。

（二）岗位评价

岗位评价是指企业在结合企业人力资源管理实际的基础上，依据员工的工作价值和贡献，通过分类法、排序法、要素比较法等科学的岗位分析方法对岗位的薪酬水平进行排序的过程。岗位评价是企业改善员工工作质量，提高企业工作绩效的重要手段，在现代薪酬管理体系中占有十分重要的地位。

（三）市场调查

任何制度或者管理措施的制定都不是凭空产生的，它们都必须以科学的市场调查为前提，因为这是企业保证管理措施客观性和可行性的基础。充足的市场调查可以使企业的薪酬水平保持足够的竞争力，并且通过调查可以全面了解现阶段求职者或者在职员工对本行业的薪资期待。企业的薪酬体系要达到这个目的，就必须在薪酬体系设计之初进行详细的薪酬市场调查，摸清行情，相机而动。

（四）方案规划

在完成了职位分析、岗位评价以及市场调查之后，企业掌握丰富的决策信息，这时企业要做的就是在科学分析这些信息的基础之上，完成薪酬体系设计方案的草拟工作。薪酬体系方案的草拟就是企业在对各项资料及情况进行深入分析的基础上，根据相关的原则开始薪酬体系的书面设计。薪酬体系方案的规划，是企业对薪酬管理体系做出的初步规划，虽然方案本身可能会存在不少瑕疵，但是基本确定了企业薪酬体系设计的整体思路。

（五）方案测评

通过上面的介绍我们知道，企业薪酬的草拟方案只是企业对薪酬体系进行的初步设计，如果想要真正实施，还必须要经过严格的评估和检测。薪酬设计体系草拟方案测评的主要目的是通过对草拟方案的模拟运行的方来检验草案的实际操作空间。另外，在方案测评这一阶段企业还会根据相关内容预测薪酬体系设计草案的实际效果，对不合理的地方进行修正。

（六）方案的宣传和执行

任何方案都不能是完美的，企业在经过方案测评以后，需要结合企业的实际情况对测评中发现的问题和存在的缺陷进行调整和完善，然后在企业会在内部对新制定的薪酬方案进行必要的宣传或培训。薪酬方案关系到企业全体人员的利益，因此它并不是只靠企业上中层的支持就可以的，更重要的是应该得到广大员工的赞同和认可。经过的宣传和沟通，新的薪酬方案得到员工的支持就可进入执行阶段。

（七）反馈修正

薪酬方案虽然经过细致缜密的测评，但是由于企业经营环境的复杂性和多变性，方案的制定无法考虑到执行细节当中的每个方面。因此，在方案的执行过程中，企业有必要对计划外的因素以及方案的实际实施效果进行修正和调整，而这些正是建立在方案实施反馈的基础之上的。

企业薪酬体系设计是关系到企业经营和管理方式的重要工作，同时是一项事关企业发展的复杂工程，企业在进行薪酬体系必须具充分的灵活性、全面性才能保证薪酬的公平性和科学性，充分发挥薪酬机制的激励和约束作用，使薪酬成为一种完成企业目标的强有力的工具。

第三节 现代企业薪酬管理的新发展

一、技能薪酬

（一）技能薪酬的内涵

技能薪酬是指组织根据企业每一个员工所掌握的与工作有关的技能、能力支付基本薪酬的一种薪资报酬制度。技能薪酬制度有其比较固定的适用领域，一般来说工作内容比较具体并且能够被清晰界定出来的操作性工作岗位、技术岗位以及办公室行政等岗位适合采用技能薪酬制度。在技能薪酬体系中，员工所获得的薪酬是与知识、一种或多种技能以及能力而不是与职位联系在一起的，可以说这是技能薪酬的基本特点。

技能薪酬制度对员工技能的要求主要有三个维度：

（1）深度技能（Depth of Skill）。深度技能是指员工掌握了与完成同一种工作有关的更多、更深的知识和技能。

（2）广度技能（Horizontal of Skill）。广度技能是指任职者在掌握本职位技能之外，还掌握了其他相关职位所需的技能。

（3）垂直技能（Vertical of Skill）。是指员工能进行自我管理，掌握与工作有关的计划、领导、团队合作等技能。

（二）技能模块的等级定价

对技能模块进行定价实际上就是根据员工具备的技能水平确定每一个劳动单位的货币价值。技能模块的定价时技能薪酬的关键环节，并且其重要性得到了广泛承认，但是由于不同组织实施调价的差异至今也没有一种标准的技能等级定价方法。虽然技能模块定价并没有统一的实施标准，但是经过不断地摸索我们总结出了技能模块定价的两个基本特点，即确定技能模块的相对价值以及是定对技能模块定价的机制。

通常情况下，我们可以按照下面几个方面的维度来确定技能模块之间的相对价值：

1. 失误造成的后果

失误造成的后果是指由于技能发挥失误所导致的财务、人力资源以及组织后果。工作失误对于企业整体工作的影响有大有小，一般来说对于那些一旦失误会对组织造成重大影响的岗位，组织会对任职者进行严格的要求，其薪酬水平相对较高；相反，如果工作失误对企业的整体工作影响不大，那么其薪酬水平会相对较低。

2. 工作性质的重要性

工作性质的重要程度是指技能对于完成组织认为非常重要的那些工作任务的贡献程度。比如，对销售公司而言，销售岗位的工作必然居于公司各种职位的首要地位；对于影楼而言，摄影师的工作显然是最为重要的。

3. 基本人力资源水平

基本人力资源水平是指学习一项技能所需要的基本的数学、语言以及推理方面的知识。如果一项工作所需要的各方面的知识涉及面越广，那么其工资水平越高；相反如果工作需的知识面比较窄，并且是最基础的知识，那么其薪酬水平将会越低。

4. 工作或操作的水平

工作或者操作的水平是指工作中所包括的各种技能的深度和广度，其中包括平行工作任务和垂直工作任务。

5. 监督责任

是指在该技能等级上涉及的领导能力、小组问题解决能力、培训能力以及协作能力等范围的大小。

在对技能模块进行定价时，由于确定依据和标准的不同，其结果也各不相同。表 7-1 和图 7-1 分别是两种不同的定价模式。

表 7-1 技能薪酬定价表

技能等级	机械技能	团队合作技能	通用技能
三级技能	1550 元（增加 200 元）	0.50 元	已经包括在本等级的技能价格之中
二级技能	1350 元（增加 200 元）	0.50 元	已经包括在本等级的技能价格之中
一级技能	1150 元（增加 200 元）	0.50 元	已经包括在本等级的技能价格之中
学徒起薪	10 元 / 小时		

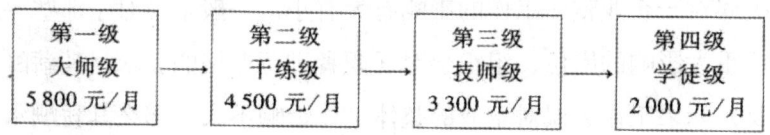

图 7-1 某公司生产操作人员工资图示

二、能力薪酬

（一）能力薪酬内涵

能力薪酬，有一部分学者称为胜任力薪酬，它是根据驱动一个人产生优秀工作绩效的各种个性特征的集合确定员工薪酬水平的一种薪酬管理制度。能力反映的是可以通过不同方式表现出来的个人的知识、技能、个性与内驱力等，员工的个人能力是其干好本职工作的基础，因此根据能力来确定员工的薪酬水平具有一定意义上的公平性。

（二）员工能力类型

因为生活环境、教育经历、工作经验等因素的影响，每个员工都有自己独特的个人能力，一般来说主要可以分为以下几种（表 7-2）。

表 7-2 员工能力模型类型及释义

模型类别	模型释义
核心能力模型	核心能力模型是适用于整个组织的能力模型，是用来界定企业各层各类人员所通用的核心素质，适用于整个组织
职能能力模型	职能能力模型是指围绕关键业务（财务管理、市场营销、生产制造）职能建立起来的能力模型，适用于特定领域

续表

模型类别	模型释义
角色能力模型	角色能力模型适用于在一个组织中的某些人所扮演的特定角色,比如技师、经理等,适用于以团队为基础的组织
职位能力模型	职位能力模型因为是指适用于单一类型的职位的能力模型,适用的范围最狭窄

三、绩效奖励薪酬

(一)绩效奖励的内涵

所谓绩效奖励薪酬,是指企业员工的薪酬固定,而是随着个人、团队或者组织绩效的某些衡量指标的变化而变化的一种薪酬制度。绩效奖励薪酬是建立在对员工行为及其达成组织目标的程度进行评价的基础上的,对于强化组织规范,激励员工具有极为积极的意义。

(二)绩效奖励的类型

1. 绩效加薪

绩效加薪是将基本薪酬的增加与员工在某种绩效评价体系中所获得的评价等级联系在一起的一种绩效奖励计划。通常是在年度绩效评价结束时,企业根据员工的绩效评价结果以及事先确定下来的绩效加薪规则,决定员工在第二年可以得到的基本薪酬,绩效加薪所产生的基本薪酬增加会在员工以后的职业生涯——在同一个企业中连续服务的年限——中得到累积。

绩效加薪计划的三大关键要素是加薪的幅度、加薪的时间以及加薪的实施方式。

加薪的幅度主要取决于:

(1)企业的支付能力;

(2)企业的薪酬水平与市场薪酬水平的对比关系;

(3)员工所在的管理层级以及企业内部相对收入水平高低等因素。

从时间上来看绩效加薪属于短期的绩效奖励类型,一般来说绩效加薪的时间为每年一次,特殊情况也可能会出现半年一次或者两年一次的现象。从绩效加薪的实施主要有两种,意识基本薪酬累积增长的方一种是,另一种是一次性加薪。

2. 一次性奖金

一次性奖金是一种非常普遍的绩效奖励计划，从应用的频率和范围上来说，它是绩效奖励薪酬管理模式一种最常见的形式。广义上来讲，一次性奖金也可以归属于绩效加薪，但却不是在基本薪酬基础上的累积性增加，而是一种一次性支付的绩效加薪。

3. 月／季度浮动薪酬

在绩效加薪和一次性奖金两种绩效奖励方式之间还存在一种这样的奖励方式，即根据月或者季度绩效评价结果，以月绩效奖金或季度绩效奖金的形式对员工的业绩加以认可。在实际执行的过程中，员工个人应当得到的绩效奖金往往还要与其所在的部门的绩效挂钩。

第四节　员工福利管理

一、福利概述

（一）福利的概念

1. 狭义的福利

狭义的员工福利又称为职业福利或劳动福利，它是企业为满足劳动者的生活需要，在工资收入之外，向员工本人及其家属提供的货币、实物及一些服务。狭义的福利包括两个层次的含义：

（1）为了保障企业员工能够享受到基本的福利待遇，政府通过立法形式对企业做出了强制要求。这一部分福利我们称为法定福利，主要包括企业为员工提供的养老保险、失业保险、医疗保险、工伤保险以及生育保险也就是我们平时所说的"五险"。

（2）企业为了提高企业的忠诚度，为将来的发展打下坚实的人才基础，而向本企业员工的福利，称为企业福利。企业福利的方式比较灵活和自由，如集体福利、人寿保险、儿童看护计划、健康服务等。

2. 广义的福利

广义上的福利比狭义的福利具有更广阔的外延，主要包括三个层次的内容：

（1）政府提供的文化、教育、卫生、假期、社会保障等公共福利和公共服务。

（2）企业兴办的各种集体福利以及企业根据字自身情况针对个人的福利措施。

（3）工资以外的其他收入，如企业为员工个人及其家庭所提供的实物帮助以及教育、交通、通信等生活补助。

（二）福利的特点

1. 补偿性

福利不与员工的绩效挂钩，可以说福利是企业对劳动者提供的一种无偿性的补偿奖励，从其发放的目的来看福利是对员工薪资的补充和完善也是一种无偿性的奖励。福利的补偿奖励不一定是货币形式实现考虑到福利发放的公平性，企业不宜以个体的形式支付，以免影响员工的积极性。

2. 均等性

均等性是福利在法律上表现出来的突出特征，其具体含义是履行了劳动义务的本企业员工，均有享受各种企业福利的权利。由于员工个人能力和素质的差异，不同员工的薪资收入肯定有所不同，适当的薪资差距可以刺激员工的上进心，但是差距过大会对员工的积极性和企业的凝聚力产生不利的影响，企业必须在其他方面对落后的员工进行激励并对收入差距进行调整。员工福利的均等性特征，在一定程度上起着平衡劳动者收入差距的作用。

3. 集体性

前面我们也提到了企业福利不应该单独发放，因此企业会开发集体福利事业，让所有员工均等的享受企业福利带来的好处和便利，集体性是企业福利的一个重要特征。企业开发集体福利不但保证了福利的平等性还可以强化员工的团队意识和对企业的归属感。

（三）福利的类别

1. 集体福利

集体福利的创办主体是企业或社会公共服务机构，他们通过一定的经济投入为员工提供集体享用的福利性设施和生活服务，保障员工的生活的健康和愉悦，如单位宿舍、集体生活设施和服务、带薪休假、免费旅游等都属于企业集体福利的重要内容。

2．个人福利

员工个人福利主要是指以货币形式直接支付给员工个人的经济补贴。个人福利是企业吸引人才的一种重要手段，常见的个人福利主要包括：探亲假期、工资补贴、旅费补贴、交通费补贴、取暖补贴、伙食补贴、通信费补贴以及婚丧假和年休假工资等。

员工个人福利是企业与员工签订劳动合同，或者企业内部劳动规则中进行确认的额外待遇，劳动法对此并没有进行明确的规定。

通过对集体福利和个人福利介绍我们可以知道，企业福利的内容丰富且不尽统一，企业福利和企业规模与经营效益有很大的关联，通常大型或效益较好的企业比较重视员工的福利待遇，费用支出比例高；小型企业或者效益欠佳企业，员工福利待遇相对较差。

二、福利管理

福利是企业薪酬的重要构成部分，反映了企业的目标、战略以及文化和价值取向，因此，企业必须意识到福利对企业管理的重要意义。很多企业没有专门的福利管理制度，这往往会造成企业在福利上的投入得不到员工的支持和回应，致使企业的优秀人才仍然难以挽留，并且高额的福利支出导致企业的成本上升，企业效益出现了下滑。目标管理、成本核算、福利的沟通、福利的调查以及福利的实施是福利的管理的主要内容。

（一）目标管理

每个企业所处的内外部经营环境都有很大的差异，因此每个企业进行福利管理的目标和方式都会有比较大的差异，但是有些内容无论在那种形式的福利管理中都占有重要的地位，它们是：

（1）福利管理目标与战略规划目标的一致；

（2）以满足员工的需求为基本出发点；

（3）符合企业薪酬管理制度的要求；

（4）将员工的眼前需要和长远需要相结合；

（5）能激励大部分员工；

（6）福利规模不能影响正常生产，应该在企业的承受能力范围之内；

（7）符合当地政府的相关政策以及法律要求。

（二）福利的成本核算

获取利润是企业进行经营活动的主要目的，福利会产生额外的支出形成企业的经营管理成本，研究和这些成本是否会对企业的盈利水平造成过大的影响，是福利管理中的重要部分。

企业福利的成本核算主要有以下几个方面的内容：

（1）企业财务部门在福利管理中有着重要的作用，因为财务部门对福利管理的科学预算，是合理确定福利发放规模和发放水平的基本依据。

（2）为了保证企业在人才市场上的竞争力，企业福利还需要与其他企业，尤其是与竞争对手的福利标准进行比较；

（3）预测企业福利成本；

（4）制定相应的福利项目；

（5）保证福利管理的经济效益。

（三）福利沟通

福利并不是发放标准越高，范围规模越大越好，而是要最大限度地追求员工的满足，当然，要想知道员工到底想要什么必须要进行福利沟通。

一般情况福利沟通可以采用以下几种方法：

（1）问卷法适合用于对员工福利需求的调查和了解；

（2）录像适合用于对福利项目和前景的介绍；

（3）面谈适用于了解某一层次或某一类型员工的福利期待；

（4）企业内刊适合用于对发展性福利项目的介绍；

（5）收集员工对各种福利项目的反馈。

（四）福利的调查

企业发放福利的目的是激励员工，增加员工对企业的忠诚度，企业在发放了福利之后是否达到了事前预计的效果，员工对企业发放福利的形式以及内容是否满意，企业应该如何对福利发放中的不足进行改正，都需要企业科学的福利调查。福利的调查是企业福利管理的重要内容，更是福利管理来的基础性工作环节，主要包括事前调查、年度调查以及反馈调查三种实施方式。

1．事前调查

事前调查是指企业在制定福利项目之前进行的调查。事前调查的主要目的是了解员工对某一福利项目的态度、看法与需求，如果员工对企业的福利政策不满意，企业可以根据员工反映的情况进行对福利项目进行相应的调整。

2．年度调查

年度调查是指企业以年度为基础（通常是一年）对企业员工福利进行的调查。年度调查的主要目的是明确员工在一个财政年度内享受了哪些福利项目，这些福利项目各自占据总福利的比例，以及员工的满意度。企业的年度福利调查是企业进行福利分析的基础，也是企业制定下一年度福利发放计划的基础。

3．反馈调查

福利反馈调查，主要调查员工对某一福利项目实施的反应如何，是否需要进一步完善和改进。反馈调查也有一部分人成为满意度调查、事后调查，它是企业调整福利发的依据。

（五）福利的实施

福利计划的制定为福利的实施提供了基本的执行依据，但是这并不代表企业能够顺利地实施自己的福利计划，除此之外，企业还需要在福利的事实过程中及时地调整自己的福利计划。一般来说，在福利实施过程中主要有以下几个方面的内容需要注意：

（1）根据福利计划制定的目标去实施；

（2）根据福利计划制定的预算进行落实；

（3）根据福利计划制定的计划有步骤地实施各个福利项目；
（4）保证福利计划实施的灵活性；
（5）根据福利计划制定的相关内容对实施过程进行严格的监督和控制；
（6）定时检查实施情况。

第八章 企业人才开发与培养

第一节 管理人员开发培养研究

一、管理人员培训的内容

管理人员是企业的战略性关键人才,也是外部市场上的稀缺人才。管理人员的培训从何着手,培训什么内容,人力资源部门对此既很重视也很为难。这是由管理人员的特点决定的:管理人员对管理课程的内容和授课教师的要求较高;管理人员的培训需求是多种多样的,个性化需求较多;管理人员的任职能力状况参差不齐,培训效果和目标不易统一界定。因此,通用的、标准化的培训课程,很难满足管理人员的需求。管理人员的培训内容如下:

(一)综合管理知识的培训

随着全球化进程的加快,全球经济一体化的趋势也越来越明显,面对激烈的市场竞争,企业如果想保持足够的竞争力,必须保证企业管理人员的活力,不断提高他们的管理能力和管理水平。就我国目前的企业管理人员而言,大部分都是在经营管理中摸索出来的,很少有人接受过系统的综合管理知识的培训,管理理念和管理方式与发达国家的企业管理人员还有一定的差距。

管理是一门艺术,所谓的综合管理知识更是包罗万象,如哲学、经济学、法学、管理学、心理学、社会学等方面的知识。就目前而言,针对管理人员的高层次培训,除了参加 EMBA 班之外,还可以委托知名管理学院,为企业管理人员量身订制管理课程。最重要的是,管理人员能结合自身管理实践,主动性自学或选择性参加外部课程或讲座。

(二)管理技能方面的培训

管理技能培训有两个层次,即基础管理技能培训和战略管理技能培训。

1. 基础管理技能培训

一般来说我们指的基础管理技能包括管理人员对企业的日常工作做出的计

划、协调、人员安排、管理授权、工作激励等。基础管理技能是管理应该具备的基本素质，也是衡量其岗位胜任素质的基本参考项目。

2. 战略管理技能

战略管理技能主要包括管理人员对战略的分析、战略目标的管理、组织机构的改善和变革等。战略管理是管理人员综合素质和管理能力的体现，这种能力对于高层管理人员尤为重要。

一般而言高层领导的培训企业都会委托专业的培训机构来进行，委托机构在设计此类培训课程时，与企业应该保持紧密的联系和交流，以便于委托机构进行培训课程的设计时充分结合企业实际，进行针对性强、个性化十足的管理能力课程开发。另外，在进行管理人员培训计划和课程设计时，培训管理和设计人员应该走近企业实践，寻找素材、编写案例、研讨案例，使管理人员更容易理解和掌握相关管理技能。

（三）思维方式方面的培训

独特的思维方式和大局观是企业管理人员区别于员工的最大特点，因此形成正确的认识问题和分析问题的思维模式对管理者来说是一件十分重要的事情。对任何企业而言，管理人员的变动都会给企业带来或大或小的影响，因此打造一支有管理智慧、长期稳定的管理团队，对企业来说具有极为重要的战略意义和价值。

对于思维方式来说，我们很难评判高下与对错，任何思维过程和思维方式都有其存在的合理性和积极性，因此此类课程的开发设计必须找到一个合适的切入点，否则很难下手。在目前看来，组织管理人员相互交流各自的想法和思维方式，以及组织管理人员，学习与研讨中国传统文化中的管理思想，是企业进行管理人员培训、开阔管理人员视野的主要方式。

在对不同层次、不同管理水平的管理人员及逆行那个培训时，企业应分析判断目前管理人员的工作状况，根据具体情况做出上述培训的基本规划。如果管理人员基本功比较欠缺，那么企业必须集中精力做综合管理知识和基础管理技能的培训，再逐步增加思维方式等方面的培训；如果企业的战略眼光和管理能力比较差，企业应该在继续完善和补充其知识层面和结构的基础上，有意识的加强对他们战略眼光的培训和训练。

二、基层管理管理人员的培训

（一）基层管理人员培训的内容

基层管理者是企业人数最多，与企业生产联系最为密切的一个管理群体，他们拥有的决策权有限，并且管理的范围也仅限于自己的工作范围，但他们是企业战略传达的最终执行者，对企业来说具有重要的作用。企业决策通过高层、中层最后到达基层，试想一下如果这些管理信息和管理命令没有传达到基层，或者基层不予执行，那么无论多么好的企业的决策只能是纸上谈兵。基层管理人员的素质决定着企业战略的实施效果，从这一点看我们必须重视对基层管理者的培训。基层管理最接近公司基层员工，其管理方式和管理手段具有独特的特点，对其进行管理培训，应主要注意下几点：

（1）重新定义执行者和管理者，明确各自的职责和企业角色。

（2）执行者技能培训，主要是指企业基层管理者把握管理计划实施的能力。

（3）增强基层管理者独立思考的能力，这种能力的培养有助于减少管理计划实施过程中意外要素的影响，增强企业对突发事件的快速处理能力。

（4）基层管理者虚心接受的意见，基层管理如果能够虚心接受员工的各种意见，可以显著改善和提高企业的管理效率。

（5）树立基层管理者的信誉，这是加强企业基层员工对领导者信任的重要途径，可以有效地保障企业各项管理命令的执行程度。

（6）基层管理者的个人目标，企业通过基层管理者的培训应该使其个人目标和企业目标统一起来。

（7）明确管理者与执行者的区别，这是使基层管理者认清自己岗位职责，明确自己工作任务的重要手段。

（8）工作评估及反馈，工作评估和反馈是了解一个人工作能力和工作努力程度的重要方法，是每一个管理人员都应该具备的基本管理素质。

(二)基层管理人员培训的课程设置

对企业基层管理人培训课程的设置我们可以通过表 8-1 来了解。

表 8-1 企业集成管理人员培训课程设置

培训内容	培训课程
基层管理者的职责和功能	基层管理者在企业中的角色定位
	基层管理者的主要工作职责
	日常工作重点
生产管理知识	现代生产管理系统
	现代生产的操作标准化
	现代生产的物料控制
	现代生产的计划管理
生产管理知识	现代生产的存货管理
	品质管理
	消耗控制
	生产安全管理
工作能力	业务决策能力的提升
	人员日常管理
	处理及运用信息的能力
	员工培训与激励
	与基层员工、上级的沟通技巧

三、中层管理管理人员的培训

(一)中层管理人员培训的课程设置

中层管理人员的职责与管理要求与基层管理人员有很大的区别，在进行中层管理人员的培训课程设计时要充分考虑基层管理人员的管理特点，将其与基层管理区分开来。因为管理层次的不同，中层管理人员的培训课程设置较基层管理人员要丰富了很多，既包括管理人员的基本管理能力培训又包括企业环境和领导能力的提升和培养。为中层管理人员设计课程，我们可以参照表 8-2 的相关内容来进行。

表 8-2　中层管理人员培训的课程设置

培训内容	培训课程
企业环境分析能力	企业战略
	企业目标
	企业组织结构与决策流程
生产管理知识	专业技术知识
	如何纠正工作偏差
生产管理知识	目标管理
	项目部案例
	时间管理
	会议管理
	组织管理
	冲突管理
	职业生涯规划
工作能力	沟通技巧
	如何有效授权
	如何激励
	如何指导和培养下属
	高效领导能力
团队管理	学习型组织的建立
	定员定编管理
	团队工作与工作管理

（二）中层管理人员培训的方法

1．短期培训

短期培训，是指培训课程较少、培训时间较短的培训工作。短期培训方式灵活、组织简便，因此在中层领导的管理培训中它是经常被运用到的一种培训方式。另外，短期培训不但能及时有效地向培训对象传递培训内容和信息，而且还可以极具针对性地对管理人员某一方面的能力进行专门的提高。

短期培训的时间比较短，方式比较灵活，常见的短期培训方式有开设短期培训学习班、举办专题讨论会等。短期培训的主要学习管理的基本原理以及理论方面的一些新进展、新研究成果，或就一些问题在理论上加以探讨等偏重理论交流和学习的知识。

2. 工作轮换

工作轮换也经常被应用在中层管理人员的培训中，采用这种方式对中层管理人员进行培训可以增强该层次的管理人员对各个工作岗位管理职责的了解，对于其全面了解企业运作、协调部门工作、提高管理的前瞻性和整体性具有重要的作用。工作轮换的具体操作方式是，将培训对象进行岗位调换，当其熟悉该部门的工作和管理流程后，再次调岗，这样在企业所有部门都轮换完之后他们可有有效地对自己管理工作进行整体把握，获得更好的管理效果，这也为其将来进行更高层次的管理工作打下坚实的基础。

3. 替补训练

替补训练是一种体验式培训方法，它是指企业将每一位培训对象都被指定为其上级管理人员的替补者，按照该岗位的工作能力和管理能力要求对这些培训对象进行训，并在合适的时机下将这些替补训练者提升为高层管理人员的一种管理培训方式。替补训练可以为企业潜在人才的培养提供有力的支持，为企业的人才储备打下良好的基础。替补训练在还要求替补训练者在日常管理中除承担本岗位职责外，还要熟悉同部门内上级的职责。这种训练方法的优点是，一旦上级离任，替补者可顺利的按预先准备接替其工作，保证企业各项工作的正常运转，最大限度地保证企业不因人员离岗而受损。

4. 案例研究

案例研究就的目的是提高企业中层管理人员分析和处理问题的能力，增强培训对象对不同类型事件的处理能力。案例研究的具体操作方式是，培训讲师提供典型案例，中层管理人对其进行分析发现问题并给出相应的解决方案；培训讲师对所有的解决方案给出评价并进行个别指导和改进。案例研究是一种培训效率比较高的培训手段，因为在这种培训方式中培训对象面对的是最直接、最典型的管理模型，通过他们对这些案例的分析和处理，可以快速建立起一套比较稳定、可靠的管理模型体系，帮助他们的管理行为更加合理、高效。

5. 角色扮演

角色扮演是一种模拟实践的培训教学方式，具体来讲就是把受训人员分成若干小组，每组受训人员集中在一起，从中随机选择若干名成员个人在线某种带有普遍性的或者比较棘手的情景，模拟结束后全体受训人员进行讨论，得出一些基本的结论。

角色扮演是中层管理人员培训的常用方法之一，它可以有效地训练受训者的接受能力和反应能力，使受训人员快速直接地获得在某项工作的实际处理经验，迅速提高其对类似事件的管理能力。另外，角色扮演在使受训者掌握某些管理技巧和管理理论以及提高受训人员的语言表达能力方面，具有其他培训方法所不具备的优势。

四、高层管理管理人员的培训

（一）高层管理人员培训的课程设置

高层管理人员在企业运营过程中经常会面对复杂局面，为了更好地处理这些不同层次的管理问题，圆满地完成自己肩负的企业职责，保证企业的长期、稳定发展，企业高层管理者要努力提高自己的管理能力和管理水平，一般来说，高层管理人员在具备本行业基本的业务技能的基础上，必须还要具有较强的概念技能和战略性的管理眼光。

企业管理人员的概念技能具体包括：思维决策能力、分析规划能力、预测判断能力、洞察能力、说服能力、理解能力、培养下级的能力、调动积极性的能力、谷物能力、创造性地思考问题的能力、严密推理的能力、解决问题的能力、综合能力、表达能力和谈判能力、团队精神、企业家精神等等。根据这些企业高层管理者应该具有的素质我们必须针对性地对高层管理者的培训课程进行设置。

1. 高层管理人员通用培训课程设置

高层人员通用培训课程既要保持其全面性、综合性，又要保证其针对性，起到既弥补培训对象管理短板，又能在综合能力上提高培训对象管理能力的效果。一般来说，作为企业的高层管理人员必须能从大局上把握企业所处的环境，对企业的发展规划做出一定的预测,因此关于高层管理培训课程的内容也多为全局性、总体。高等管理人员的课程设置如表 8-3 所示。

表 8-3　高层管理人员通用培训课程设置

培训内容	培训课程
企业环境	国内外政治经济
	经营环境
	行业发展环境
	先骨干法律、法规和政策
企业战略发展研究	企业面的机遇和挑战
	企业核心竞争力研究
	如何制定企业发展战略
企业现代管理技术	人力支援管理
	生产管理
	财务管理
	质量管理
	信息管理
领导艺术	团队管理
	目标管理
	员工激励
	沟通艺术
	冲突管理
	员工潜能开发
创新能力	创新思维训练
	思维技巧

2. 高层管理人员提高培训课程设置

企业高层管理人员不仅要具备高层领导者应该具有的基本素质,还应该不断地追求进步和提高,不断提高自己的管利能力和管理水平。因此,我们有必要对企业的高层管理者进行更高层次的基的能力提升,其课程设置如表 8-4 所示。

表 8-4 企业高层管理人员能力提升培训课程设置

培训内容	培训课程
现代企业规范化管理	现代企业规范化管理概述
	企业的战略目标、经营理念、组织结构、功能模块、部门岗位、纪律规范等
	现代企业规范化管理的方法
企业战略的全面管理	战略概述
	战略分析
	市场资源分析
企业组织结构管理	组织结构设计系统
	部门管理
	项目管理
企业工作流程管理	流程、表格设计
	部门职能与工作流程管理
	管理方式
	文件资料控制管理
	企业综合工作流程管理
公关危机处理	公关危机的产生
	公关危机的应对
	公关危机的

（二）高层管理人员培训的方法

1．经理人训练

高管理人员培训通常在经理人训练营进行，时间大多为两个星期到一个月。企业高层管理人员在训练营期间，重点是培养自己奋发向上的斗志以及身体力行的品质。一般来说，经理人训练营的受训项目包含以下四点内容。

（1）在受训期间，每个学员要身着统一的制服，并明确自己必须在两周内完成的全部项任务。这样做可以增强培训对象的集体荣誉感和责任感，培养其在其工作中的集体意识和勇挑重担的责任感。

（2）在接受培训期间，高层管理人员还必须注意自己的耐力和团结协作的精神。在训练过程中培训组织方要有针对性的设计体能训练和团队合作训练，保证达到预计的培训效果。

（3）经历训练营还可以锻炼受训人员的勇气，使每个学员在完成任务的过程中，树立起战胜困难的信心。

2．小组训练

小组训练着重培养受训人员的沟通能力，我们又把小组训练称为敏感性训练。小组训练的主要目的是提高受训者在改善人际关系上的能力以及在管理冲突的中应对能力。在进行小组训练的过程中有几个细节需要关注。

（1）聘请心理学家为培训的讲师。心理学专家在处理情感问题方面具有权威性，能保证培训起到良好的效果。

（2）学员人数不宜太多。如果企业采用此种方法进行培训，且受训者较多，可以采用分批培训的方式。

（3）培训地点最好是实验室或远离企业的地方。因为培训比较注重受训者的情感调解，新的环境能够充分调动起积极性，激发培训对象的创造能力和创新精神。

（5）在培训过程中，受训人员没有任何任务负担。这是小组训练的基本要求，可以让培训对象在轻松自由的状态下，充分发挥自己的智慧，提高其分析问题、解决问题以及团队合作的能力。

（6）交谈、沟通的前提是相互坦诚，沟通的内容只限于受训人之间当下所发生的事。

3．其他常规方法

（1）工作轮换。工作轮换的培训方式类似我们前面介绍的岗位轮换，但是一般只适用于大型企业，大多数中小企业并具备采取这种培训方式的环境。工作轮换的具体操作方式是，总公司对境内的子公司、分支机构的高层管理人员进行轮换，其目的增强高层管理的大局观，促使其在更高的层次思考管理问题，提高其决策的战略性和前瞻性。

（2）接班替补训练。接班替补的培训方式我们之前已经介绍过，它是培训中层企业管理人员常用的方法，从效果上来看它也同样适用于高层管理人员。采用接班替补法对高层管理人员进行培训，可以为将来企业提拔优秀管理人员进入公司管理决策层和高层管理者的更替做好准备，避免一旦出现高层管理人员离开企业的情况，企业暂时陷入混乱的工作状态。

（3）脱产培训。脱产训练是培训对象暂时脱离自己的工作岗位，到企业事先决定的专门进行培训的机构进行个人素质和工作能力提升的一种培训方式。脱产训练一般时间比较长，其形式主要包括，参加高级研修班、研讨会、报告会，以及接受 MBA、EMBA 教育等形式。

第二节 骨干员工开培养发研究

一、骨干员工的确认

（一）骨干员工的价值及特点

骨干员工是指相对于普通员具有劳动力稀缺性和高度的企业价值性的企业员工群体。具体来说，骨干员工的稀缺性主要表现为现阶段劳动力市场上的同类人才数量较少，可替代性较差，相对于普通员工企业需要花费更大的代价才能得到。骨干员工的劳动价值要高于普通员工，因为其创造的价值远远大于普通员工，并且对于企业战略目标和企业战略实现作用更大。骨干员工与普通员工价值比较见表 8-5。

表 8-5 骨干员工与普通员工的价值对比

特点指标		员工类别	
		骨干员工	普通员工
劳动力稀缺性	可替代性	弱	强
	招聘成本	高	低
	重置培训成本	高	低
企业价值	收益／成本	高	低
	实现战略目标重要性	高	低

骨干员工与普通员工相比，具有如下特点：

1. 具有较高的知识或技能

骨干员工的劳动能力和知识水平很高可以更好地为企业的发展提供新的动

力,而且在他们从事的领域内,其对于该领域的研究和认识比普通员工更为透彻、深刻,其所掌握的知识或技能是企业的核心竞争力之一。

2. 对企业的发展至关重要

随着知识经济时代的到来,人才对企业发展的作用越来越重要,企业的骨干员工由于掌握着企业所需要的关键资源,他们的工作影响着整个企业的发展方向和发展战略。从某种意义上来说,如果企业的骨干员工的流失率比较高,那么企业很可能会因此而停滞不前,因此,我们应该认识到骨干员工对企业发展至关重要的作用。

3. 有较强的不可替代性

骨干员工无论是工作经验还是知识层次都比较高而且占据着企业很多关键的劳动岗位,在工作中他们往往可以把企业积累起来的关键资源,如技术、信息、顾客关系等个人化。因此,他们的转移(升迁、跳槽、退休、死亡等)对企业的影响很大,极有可能使企业在短时间陷入一种工作上的不利状态,并且其补充者的招聘成本和培训费用也会很高,如果是一些特别关键的骨干人员发生转移严重的可能使企业业务停滞,技术支持断档等重大企业危机。

4. 具有较高流动性

企业的竞争主要表现为人才的竞争。骨干员工作为企业参与市场竞争、保持或提高竞争优势的法宝,也就必然是各大企业之间争夺的对象。骨干员工自身的特点决定了他们有能力接受新工作、新任务的挑战,拥有远远高于普通员工的职业选择权,容易寻求新的发展机会,所以,骨干员工比普通员工有更高的流动性。

(二) 骨干员工的确认

一般来说,骨干员工大约会占员工总数的 10%~20% 左右,但他们对企业的发展却有着至关重要的作用。因此,如何在竞争激烈的人才市场留住和培养骨干员工是企业必须要面对和解决的一个人力子资源管理问题。对于骨干员工的确认,企业的人力资源管理部门需要根据员工从事的工作对企业战略发展的价值、工作难度的大小,以及工作性质与企业核心竞争优势的关联度,并参照工作评价体系例如工作责任、工作强度、工作复杂性、所需资格条件等进行综合评价。通常来说，在确定骨干员工的过程中企业应先确定工作岗位的相对价值，根据其对企业核心竞争力影响的大小找出企业的关键岗位，然后结合员工个人绩效考核结果，最后确认骨干员工的候选人。一般情况下，那些所在岗位相对价值较高，个人工作绩效高的员工，可以确认为企业的骨干员工，需要企业进行悉心的培养和拉拢，保证其能够留在企业并保持自己高水平的工作能力。

二、骨干员工的角色意识培养

骨干员工一般具有很强的业务能力和自我管理能力，个性较强，而且很多人还有着较强的个人魅力与影响力，他们往往进取心强，勇于承担责任，追求卓越，希望在企业中获得更多的发展空间，对企业和个人未来的预期都比较高。他们为企业创造了更多的价值，企业也给予他们更多的回报。但是他们容易对自己的境地和待遇不满，遇到挫折会认为得不到团队的支持，他们对工作环境的影响、人际关系冲突、市场诱惑力都比较敏感。如何留住骨干员工一直是企业人力资源管理的一项重要内容。因此，在建立对骨干员工激励和管理机制的同时，还必须加强对骨干员工的培养，明确其骨干员工的角色意识和责任，继续提升其核心价值能力，帮助他们与其他员工建立起和谐的人际关系，提高其对企业的忠诚度，让其更好地在组织中发挥作用。

（一）帮助骨干员工进行职业规划和职业管理

在骨干员工当中，一部分人希望通过自己的努力晋升为企业的管理者，而另一部分人则更希望在自己的专业上获得提升。因此，面对不同类型和不同发展需求的骨干员工，企业应该建立针对性职业管理机制和职位晋升体系，来满足不同价值观员工的需求。例如微软公司采用的双重职业路径：微软为了留住企业顶尖的技术人才，曾采取将技术过硬的技术人员直接推到管理岗位上的方法，但该方法对于那些只想待在本专业而不愿担负管理责任的技术人才来说并没有什么吸引力。面对这种情况，为了留下更多的技术人才，他们在技术部门建立了正规的技术升迁途径，承认他们并支付相当于一般管理者的报酬。在采取这两种措施

第八章　企业人才开发与培养

的同时，微软为了使不同的职业部门之间建立起某种可比性，促进员工间的良性竞争，还在各个专业设立起"技术级别"。他们设立的这些级别可以直观地反映了技术人才在公司的表现和基本技能，也能反映出员工在微软的工作经验和阅历。这一职业管理方案的推行就迎合了那部分核心技术人才的需要，也提高了他们的忠诚度。

（二）增强骨干员工企业文化认同，提高其忠诚度

企业文化是企业在长期发展过程中形成的，它是企业精神的重要体现，也是企业员工共同认可的价值体系，并可以作为企业长期的同理想、价值观念和行为准则来坚持。企业文化看似是一种十分"虚幻"的企业构成要素，但是员工对这种要素的认可，可以强化员工的向心力和凝聚力，提高员工对企业的忠诚度，在其激烈下，员工会迸发出强烈的工作欲望和工作热情。通过前面的描述和介绍我们已经知道骨干员工具有很强的流动性，因此，要想留住员工，除了提供公平、合理且具有激励作用的薪酬、福利，尊重骨干员工的个性因素外，也要充分利用企业文化对员工的激烈和吸引作用，在企业管理中让骨干员工更多地参与企业的决策，了解和接纳企业文化和价值标准，化企业愿景为个人愿景，使企业文化得到骨干员工的认同，从而激发企业骨干员工自发、长久的奉献精神，为企业的稳定发展提供保障。

（三）适当下放决策权

一边拿来说，骨干员工具有较强的自主性，他们对自己的价值和工作能有一个客观的认识和评价，因此他们往往强调工作中的自我引导，而不愿意过多地受到于外力的影响，因为他们认为自己有能力做出正确的决策。针对骨干员工的这一特点，企业可以给予骨干员工一定的经费、人员、资源等管理支配权和发展、研究方向的决策权，给予其一定的自由，为他们发挥自己的才能创造一个宽广的平台。在这个自我实现的过程中，他们的自信和能力得到了体现和尊重，亦获得了愉悦的成就感，这对于促进他们的忠诚度和工作热情具有十分积极的意义。当然，我们应该意识到权力是把双刃剑，因此我们说要对骨干员工下放权力，并不

是完全的、彻底地将权力交给他们。一般来说，企业对于技术决策权下放的程度比较高，因为骨干员工的业务能力和知识水平具备这个能力，而管理决策权和战略决策权下放的程度应该低一些。适度主要是防止部分骨干员工居功自傲，防止企业对某个骨干人才过分依赖，对企业发展造成危害。

（四）建立企业与骨干员工之间的"契约"关系

骨干员工自身的能力和特点决定了他们的个人价值，如果处理不当，往往造成企业对骨干员工的过分依赖，也容易使这些骨干员工产生骄傲自满的情绪，使企业的雇用成本过大，甚至造成骨干员工因个人意志膨胀而做出有损于企业利益的事。因此，对于骨干员工角色意识的培训在强调其核心作用的同时，也要防止负面影响，包括建立相关的骨干员工替代机制和利用相关的法律手段加强对骨干员工的约束，譬如企业与骨干员工事先签订"竞业禁止"协议和保守商业秘密的协议等，这些约束和限制同样有利于让骨干员工明确自己的角色和责任。

三、企业骨干员工创新能力开发

创新能力是指人在顺利完成以原有知识、经验为基础的创建新事物的活动过程中表现出来的潜在的心理品质。创新能力可以教人学会创新思维、教人如何进行创新实践、教人解决遇到的各种现实问题。下面我们重点关注影响企业员工创新能力开发的因素，以及由此得出的开发员工创新能力的有效途径。

（一）影响企业员工创新能力开发的因素

总的来说，影响员工创新能力的因素可以分为两种：一种是员工内在因素；另一种是外部环境影响。有报告现实，与其他激励方式相比，以金钱作为激励手段能够使工作效率提高最大，达到30%左右，因此，金钱在员工鼓励中虽然不是万能的，但是确实是一种不能忽视的激励手段。除此以外，其他的非经济因素（发展空间、同事关系、企业文化等）也对创新能力的开发具有重要作用。例如，企业可以设计一种个人职业生涯发展系统，通过与员工的沟通安排个人的职务晋升等，让员工不断地成长。

现在，由于技术和管理创新的复杂性，很多创新活动仅仅依靠某一个员工很

第八章　企业人才开发与培养

难完成，大多数情况下要通过团队合作才能实现，因此企业在对骨干员工进行激励的时候不仅要考虑到对骨干员工在创新种起到的作用进行激励，还应该注意对其所在团队的激烈和肯定。

1. 内部因素

内部因素包括员工本身的性格、爱好、价值观等。对于骨干员工来说，他们的知识水平可以为他们的创新行为提供有力的保障。通常情况下，骨干员工都具不错的创新能力，而且他们性格中自信、开朗、激情等良好的性格特点，表现在行为的动力、风格和活动效率上对创新活动的实现和完成具有重要的作用。良好的性格对员工的创新能力具有很大的促进作用，如工作态度勤奋、控制力强、自信等。相反，懒惰、消极的情绪对员工的创新能力起着抑制作用。

2. 外部因素

外部因素包括企业文化环境和工作氛围。如果在企业文化中认可、重视员工创新能力的开发，制定了相应的创新奖励制度的话，员工就更容易受到鼓舞，就会更积极地进行创新活动。

（二）开发员工创新能力的有效途径

1. 增强员工的危机意识

微软公司的创始人、前任董事长和首席执行官，比尔·盖茨曾经说过："我们的成功取决于创新，微软距离破产永远只有 18 个月。"无锡小天鹅股份有限公司总裁也指出："企业最好的时候，也就是最不好的时候；产品最走红的时候，也就是滞销的开始。"企业员工感受到工作的压力，有了危机意识，才能主动地进行创新活动，创新能力才能得以提高。

2. 建立有效的激励制度

企业需要建立一种有效的、合理的激励制度，发挥制度的引导功能，使员工自觉提高自身的创新能力。这种激励制度包括奖金激励、员工声望和地位的改变等非经济激励手段。

与其他激励方式相比，以金钱作为激励手段能够使工作效率提高最大，达到

30%左右，因此，不能忽视这种激励手段。除此以外，其他的非经济因素也对创新能力的开发具有重要作用。例如，企业可以设计一种个人职业生涯发展系统，通过与员工的沟通安排个人的职务晋升等，让员工不断地成长。

现在，很多创新要以团队合作才能实现，因此在激励时不仅要考虑到对员工个人的激励，还应该注意结合对团队的考核和激励。

3. 营造员工创新的工作氛围

企业要营造鼓励员工创新的工作环境。员工在这种工作环境中能够按照自己的性格特点、专业优势、兴趣爱好从事自主性的创新工作。同时企业对员工创新活动要进行保护并对其进行正确的引导和鼓励，使员工在相互影响和激励中将自己的创新行为纳入企业整体的创新过程中，为企业的发展做出贡献。

企业鼓励员工创新，还要允许员工犯错误，只要不犯重复的错误或者无可挽救的错误，那么企业还是应当给予继续创新的机会，使员工在错误和挫折中尽快成长。

4. 构建有效的能力开发机制

通过各种创新能力的开发活动，企业可以提高员工的创新能力，为企业制度创新和核心竞争力的构建奠定坚实基础。企业为员工提供各种开发活动，必定会提高当期支出，但是，从长远来看，它可以大幅度提高未来收益，所以对员工进行开发是必要的。创新行为来源于企业员工的创新思想，来源于员工的创造力，来源于员工的整体素质，在人的整个一生中，学生时期只能获得所需知识的10%左右，其余90%的知识都要在工作中不断学习来获得。在开发过程中，企业可以帮助员工树立创新意识，培养员工创新智能，并提高员工的学习能力。

四、骨干员工培训的方法

对骨干员工开发企业应该尽最大的努力去最好，因为骨干员工竞争力的提升可以有效地可以增强企业的核心竞争力，为企业经营目标的实现打下良好的基础，也有利于将员工个体目标与企业战略目标进行整合和统一，满足员工个体的自我发展的需求，提高员工的组织归属感。同时，骨干员工开发与员工继任计划相结合,还可以有效地降低因骨干员工流失给企业造成的风险,保证企业的稳定发展。一般来说,骨干员工开发的方法与普通员工培训方法大体一致,在作为管理人员候选人应该进行合理地把握与运用。

(一)授课与讨论相结合的训练法

授课与讨论相结合的训练法指将公司内的骨干员工集合起来,每5个人分为一组,采用3天集体住宿、共同上课、共同讨论的方法明确骨干员工的行为准则、目标定位,最后从中级(部门)经理至高级经理层中,收集对骨干员工职责、任务的期待,与其个人的想法相协调,通过科学的分析和对比得出科学的结论,并通过这种形式让骨干员工了解组织对他们所担任角色的期待和标准,增其对在企业发展的信心和动力。通常情况下,为了将骨干员工训练成高效型的企业目标的执行者,应重点培养他们具备以下几方面的基本素质:

(1)通过对骨干员工的培训,使其建立起较强的自我控制和约束能力,对自己的工作负起切实的责任。

(2)通过对骨干员工的培训,要让其对企业和企业的发展目标要有明显超过其他普通员工的较强烈的使命感和责任感,并在工作中敢于承担风险、责任,敢于接受富有挑战性的工作,充分发挥自己的工作能力、技术水平以及发展资源和发展环境上的优势。

(3)通过对骨干员工的培训,使其能形成一种市场竞争能力并凝聚全部力量去求得最好的工作效果。

(4)通过对骨干员工的培训,使其逐渐成为一个有威信,有勇气,有魄力,有能力,忠诚而且可以信赖的企业员工。

(二)单独脑力激荡法

单独脑力激荡法是对骨干员工进行培训的一种比较有效的方式,它是指将参加者根据职务的不同,分为若干个小组,每组以若干名员工为限,以"骨干员工应如何配合工作的顺利开展"为题,开展讨论,然他们从各个角度提出解决问题的方案,明确要达到的目标。然后,培训组织管理人员根据他们确定的不同的目标，由不同的小组通过个人或小组的脑力激荡，产生解决问题思路，其实这种方法的本质和头脑风暴法有异曲同工之妙。利用单独脑力激荡法进行骨干员工培训的具体步骤如下：

（1）通过骨干员工的讨论和研究明确自己在企业扮演的角色和承担工作的责任以及工作使命。

（2）通过讨论和研究分析企业要实现的经营目的和战略目标、明确自己要努力的方向。

（3）分析目前市场状况、顾客需要、竞争对手情况，以便做到心中有数。

（4）分析本人工作部门存在的问题和不足，以便提出解决问题的对策。

（5）你如何工作才能实现企业目标？你计划要取得什么样的工作成果？

（6）你如何选择最适合企业和个人发展的行动方案？

在运用这种方式对员工进行培训的时候，企业应该创造环境为每位参加培训的骨干员工，运用脑力激荡法想出行动方案提供必要的帮助，在他们得出结论后，培训管理人员通过他们得出的结论和在培训过程之中的表现对他们做出科学的评估。

第三节 新员工开发培养研究

新员工培训是指企业新录用的员工从局外人转变成为企业人的过程，这个过程伴随着员工的个人的成长，是某个团体融入另一个团体的过程。随着员工来到企业的时间越来越长，他们对企业的工作环境、工作方式以及工作习惯会越来越熟悉，当员工彻底融入企业之后就会开始初步规划自己的职业生涯，为自己的将来的发展谋求出路。新员工培训是每个企业都会面临的一项人力资源管理工作，并且其对企业的发展也具有重要的作用。通过进行新员工培训，企业不仅可以使新员工的能力、知识、技能得到提升，帮助新员工尽快达到企业岗位工作要求尽快融入企业。

一、新员工培训的目的

（一）培养团队意识

新员工培训的第一个基本目的是要让新员工了解团队工作的重要性，让他们认识到企业效益的提高需要团队共同的努力。企业团队就像是一个链条，每个员工都是这个链条上的一环，缺少任何一环都会造成整根链条不能工作。因此，企业通过新员工的培训让其认识到只有以整体利益为重，才能够保证工作团队的正常运转，保证企业整体的经营利润和效益。

（二）帮助员工融入企业

新员工培训的另外一个目的在于帮助新员工尽快熟悉工作环境，了解企业文化，尽快融入自己在企业扮演的角色当中。为了达到这一目的，大部分企业都会在新员工培训中制定一定比例的针对性的内容来帮助员工尽快完成过渡，融入企业的工作之中。

（三）明确岗位职责

新工培训的目的在于明确员工的岗位责任和个人权利。大多数人都有这样的经历，当他自己作为新员工进入一个企业时，面对完全不熟悉甚至是陌生的工作环境，面对迥异的企业文化、产品类型以及陌生的同事，新工作的开始阶段大家都充满了好奇和新鲜感。这些对新鲜的事物的感知可以将员工吸引到工作当中来，并且使其保持自己的工作热情。但是我们应该也要注意到，在新员工工作的最初阶段不仅充满了新鲜感，敏感的自尊心也时刻伴随着新员工，如果企业不能正确处理这二者之间的关系，并加以正确的引导，那么很容易导致新员工容易迷失方向、不辨东西，甚至是对工作的厌恶。

在工作中新员工责权是否明晰、职责是否明确对其情绪影响较大，大量的内耗都产生在这个环节内，不满和怨愤是企业最大的负资本，企业领导者在统一思想时，不要忽略这方面的问题。

（四）统一思想观念

企业新员工培训还要达到的目的是统一思想，即新员工必须在企业的核心理念与员工的价值观上达成统一，形成一个信仰，这是企业对新员工最低也是最基本的要求。因为没有共同的价值观念，员工不可能认同企业的文化甚至是产品，双方形式上的雇佣关系根本没有实际意义，因为企业和员工之间如果没有达成默契，那么拖沓和推卸责任就是员工基本的工作态度。

二、新员工培训的内容

（一）信息内容

1．公司基本信息

公司的薪资标准、行为规范、发展期望、工作传统、福利政策，以及领薪手续、相关证件的取得方法和工作时数等都是新员工极为关心的一系列问题。新员工不是孤立的需要被社会化的交流，在企业整体的文化价值观之下员工需要学习整个公司和管理层所期望的思维方式、价值观以及行为习惯。因为，这些基本的行为准则是在企业中进行人际关系交往，工作气氛调节的重要依据。从另一个角度来说就是，新员工需要了解在这个公司中应该如何待人处事，如何在工作中表现自己能够更快地融入企业之中。

2．工作技术信息

新员工工作技术信息需要公司和部门两个层次上的入职指引活动来解决。在整个培训活动进行的过程当，中企业的人力资源部门对入职培训活动的计划、开展、实施以及追踪负有总体的责任，人力资源总监和直属总经理应该明确各自职责，以防发生职责的遗漏或重叠。入职指引的一般形式是的口头介绍，但是也有部分是手册形式的正式计划。

入职培训是一项由企业的人力资源部门和新员工的直接上级共同协作的工作。根据培训的两大类内容，通常由两方面分别主导和负责。

（二）培训的内容

1．一般性培训

一般性的新员工入职培训具有普遍性，是大部分企业在培训中都会涉及的内容，一般性培训内容包括：

（1）企业概况，包括公司的历史、背景、经营理念、愿景、使命、价值观以及承担的社会职责和历史使命；

（2）本行业的概况，公司的发展现状、行业地位、市场表现、发展前景、业内评价等；

（3）基本的产品信息，主要包括基本服务知识、品牌信誉、生产状况、销售情况；

（4）企业的规章制度与组织结构；

（5）公务礼仪、行为规范、商业机密、职业操守；

（6）薪酬和晋升制度；

（7）劳动合同，福利与社会保险等；

（8）企业安全生产、环境卫生等情况。

2．专业性培训

专业性培训内容包括：

（1）工作场所、岗位环境、办公设备的熟悉；

（2）人员熟悉，主要是指企业内部人员的熟悉，包括本部门上级、下属、同事，其他部门的负责人、主要合作的对象。

（3）详细了解企业的工作业务、工作流程、工作职责，以及个人权限，包括客户、产品、市场、行业、对外联络方，比如组织培训对象进行企业生参观产、仓库或者研发实验室参观等活动；

（4）专业性的技术、业务、财务等管理方法训练。

三、新员工的培训的工作安排

（一）分析培训需求

新员工培训是每一个新员工入职必不可少的一个环节，它不仅是员工做好新工作的需求更是企业培养合格员工的需求。

首先，培训可以帮助没有经验的新员工迅速熟悉工作内容，掌握工作方法需要的基本手段，并且为其入职后工作绩效提高打下良好的基础。

其次，培训可以帮助员工适应新的工作环境和人际网络。培训不仅是一个学习知识的过程，更是一个交流的工程，通过培训新员工可以熟悉新的工作环境和同事，并把自己的知识体系和工作习惯很好地融入新的环境中。

企业人才培养与现代人力资源管理

最后，新员工培训的内容具有工作岗位的普遍特征，并不是个性化的，新员在培训结束后能符合基本的工作岗位要求是培训的中心思想。新员工的培训不追求满足每一个员工的培训需求知识，只是尽可能地根据现有条件和培训对象的基本状况对其需求进行适当偏重，满足员工个性化的发展需求。

新员工培训要满足的需求有组织需求、任务需求和个人需求这三种基本需求，下面我们来具体介绍这三种需求。

1．入职培训的组织需求

新员工培训的必要性首先表现在培训的组织需求上，我们可以从以下几个方面来进行理解。

（1）向新员工传递组织文化和企业愿景。这是使员工提高对企业认知以及好感度的重要途径。

（2）把新员工培养成符合企业要求的合格员工。

（3）降低新员工的离职率。减少员工的抱怨，增加满意度，这对企业保持员工的低流失率具有重要作用。

（4）向新员工人传达组织的期望。时有效的期望传递可以有效地提高企业员工你的忠诚度，为企业的发展提供良好的人员保障。

2．入职培训的任务需求

新员工培训的必要性还表现在培训的任务需求上，入职培训的任务需求有以下几个方面：

（1）通过对企业工作内容的培训，可以使新员工明自己的确岗位职责、工作任务和工作目标。

（2）员工培训可以使新员工掌握基本工作要领、工作程序和工作方法，有效地提高新员工的工作效率。

（3）新员工培训可以有效地减少新员在工作中的实务，节省工作时，使其快速成长为合格员工。

（4）新员工培训可以缩短新员的低产出期，对提高企业的劳动生产效率，保证企业利润率有一定的帮助。

第八章 企业人才开发与培养

3．入职培训的个人需求

新员工培训的必要性和个人需求也有紧密的关联，新员工培训的个人需求主要有以下几个方面。

（1）入职培训是一个新员工全方位的了解企业，认识企业的机会，对员工最终抉择有很重要的影响。

（2）入职培训可以让新员工初步了解工作职责，以确定自己是否能够适应和融入新的工作。

（3）培训的过程并不是枯燥乏味的，通过彼此之间的交流新员工可以拉近与企业、与其他员工的距离，对企业产生亲切感。

（二）制定培训计划

企业的培训活动在实施前必须要做好计划，这是新员工能够培训成功的基本保证。新员工培训必须具有可行性，在实施之前决策者要根据企业的具体情况和新员工的特点，明确培训的内容、形式、时间、负责人等。

1．培训目标

根据我们前面提到的培训需求，我们可以分析确定入职培训的目标，一般有如下几项。

（1）提供新员工进入工作岗位必需的信息，这些信息包括企业制度、工作内容、心智报酬等。

（2）满足新员工的群体性需要。

（3）打消新员工对新工作和新环境不切实际的需，这是使员工消除浮躁心态，认真对待自己的新工作的必要环节。

（4）降低组织文化对新员工的冲击。

（5）降低新员工的离职率。在培训过程中企业要充分展示自己的优势，让员工产生安全感，这样可以有效地降低新员工的离职率。

2．培训内容

新员工入职培训的内容一般包括专业知识、人力资源政策、公司制度以及岗位职责四个方面，前面我们已经进行了比较详细的介绍，这里我们就不再赘述。

（三）分配培训职责

培训是一项分工明确的系统性工程，在培训计划确定后决策者应该对职责分配进行详细的说明，以保证培训各个环节的工作顺利进行。入职培训需要企业参与的部门和人员包括企业高层管理者、人力资源管理人员、新员工部门主管以及新员工指导人员。

1．企业高层管理者

企业高层的管理者是企业培训工作的总指挥，高层管理者的参与可以站在更高的角度向新员工企业文化和企业愿景，向新员工传递企业对新员工的期望，让新员工感觉到企业对新入职员工的重视和关怀。

2．人力资源管理人员

人力资源管理部门是企业培训计划的组织者和实施者，他们是对整个培训工作最熟悉的人，他们的参与不仅可以保证培训工作的顺利实施，还能详细地为员工解读企业人力资源政策，帮助新员工建立自己的职业生涯规划。

3．新员工部门主管

新员工的部门主管是新员工工作的直接领导，对新员工工作岗位的了解是最清楚的，他们的参与可以大大提高工作技能培训的效率，并且可以帮助新员工快速建立起学习和求助的途径，为员工合格上岗提供帮助。

4．新员工指导人

新员工指导人也就是岗位培训的执行人，他们直接面向受训者，可以全面帮助新员工达到工作要求，其职责的重点在于全方位的指导，并对新员工的表现进行评价。

（四）安排培训时间

培训的时间要根据企业的具体情况来确定，其长短并没有具体的规定。培训的时间以达到培训目的为依据，可以是一天，也可以是一个月，但要注意的是短期培训一定要保障培训的内容，长期培训要保持新鲜感，不要让员工疲劳，丧失工作热情。通常情况下入职培训的集中培训会安排三天到一周的时间，因为这个时间即可以保证培训的内容又不会让员工丧失新鲜感。

长期培训一般是在岗培训，也就是企业把新员工的实习期与培训期安排在一起，这种培训方式的安排要符合国家劳动法。企业在长期培训过程中，需要适当的安排中期考核，这样培训管理人员可以有效掌握新员共培训的进度以及指导人的工作效果，并及时处理出现的问题。

对于长期培训还存在一个问题，就是中新员工在中期考核中不合格，针对这种可能出的情况我们在安排培训时间时要预留出"二次培训"的时间。

无论培训时间的长短，在进行培训日程安排时要注意劳逸结合，避免新员工在短时间内接触大量信息，破坏学员的培训热情，降低培训效果。

四、新员工培训的注意事项

通过新员工的培训，企业将新进员工逐渐塑造成一名成为能独当一面的合格员工，这对企业的发展具有重要的意义。但是，对于新入职的员来说，我们应该做到那些其保持

（一）分配工作岗位

企业在对新员工进行工作岗位分配的时候要根据其特点和本人的工作意愿进行。如果企业不考虑实际状况将新人分配到人手不足的工作岗位，刚开始新员工对企业的工作内容和工作流程不太熟悉可能不会出现什么问题，一旦员工在熟悉工作后发现自己对该岗位的工作缺乏热情和兴趣，很可能会辞职，企业不得不面临重新招聘的尴尬局面。

企业在进行岗位分配时还应该注意，尽量让企业的优秀员工对其工作进行指导。新员工刚刚开始从事某一工作时，指导其将该项工作进入正轨的老师对其影响最大。企业的优秀员工无论是从工作能力还是个人品行都是非常优秀的，新员工能从他身上学到很多对自己工作有益的东西。相反，如果企业将新员工交给一个爱指挥、怕担责任的人进行指导，在其影响下新员工也必然会在不知不觉中也会受到负面的影响，沾染上一些不好的工作习惯和工作作风，这样最后受到损失的还是企业。

（二）对老员工的教育

企业如果让新进员工按照企业制定的工作流程、规则、习惯以及方法开展工作，那么企业首先要做的就是要求老员工按照标准程序来做。因此，企业新员工在上岗前一段时间，就应该先进行老员工的教育。

（三）做好详细计划

在进行培训前，企业人力资源培训部门以及培训管理人员应该撰写详细的培训计划，并且计划越详细效果越好。一般来说，对新员工的培训不仅需要培训设计和管理人员将足够的专业知识和工作技能写入培训计划，还要将各个工作岗位固有的优秀传统和企业精神纳入培训范围。企业在对新员工进行完培训之后不仅要使员工在工作能力达到企业的岗位要求，还应该对其进行激励，使其把自己最大的干劲和热情投入新的工作之中。

（四）认真负责的工作态度

新员工在完成入职培训进入工作岗位之后，已经可以算作是企业的员工了，因此在工作过程中一定要秉承着对企业、对自己负责的态度进行自己的工作。当然这种理念和工作品质并不是每个新员工都具有的，企业要通过新员工的培训让不具备这种工作理念的培训对象认识到这一点，争取在培训中使其建立起"你现在代表着公司""自己负责的工作要自己完成"等有责任心的观念，这既是对企业负责也是对新员工个人负责。

（五）指正错误的方法

新员工由于对新工作流程和工作环境的陌生，即使他们有一定的工作经验，也会在工作中总会出现一些或大或小的错误，企业应该对这种情况进行正确地处理。首先，企业应该客观地指出其工作中的不足和出现的错误，不能为照顾新员工的情绪和积极性而采取消极的应对措施；其次，企业应该合情合理地制定处理这种情况的措施，不能因为其新员工经在工作中犯下的错误而采取将其开除等激进的处理措施。企业要把握处理这种情况的平衡，关键在于对态度的拿捏。有因此，企业要慎重决定由谁出面进行处理，采用何种方式进行处理这两个问题，当然事件的处理人员要坚持原则、态度诚恳。

参 考 文 献

[1] 金延平. 人力资源管理[M]. 大连：东北财经大学出版社，2002.

[2] 刘昕. 人力资管理[M]. 北京：中国人民大学出版社，2012.

[3] 王绍东，张国霞. 企业人力资源管理[M]. 北京：清华大学出版社，2012.

[4] 张佩云. 人力资管理[M]. 北京：清华大学出版社，2008.

[5] 邵冲. 人力资源管理[M]. 北京：中国人民大学出版社，2013.

[6] 汪玉弟. 人力资源战略管理[M]. 上海：上海立信会计出版社，2007.

[7] 刘翠芳. 现代企业人力资源管理[M]. 北京：北京大学出版社，2006.

[8] 黄立军. 中小企业人力资源管理实务[M]. 广州：广东经济出版社，2008.

[9] 郑海航，吴冬梅. 中小企业人力资源管理三维立体模式[M]. 北京：中国工业经济出版社，2002.

[10] 李后均，胡豪. 人力资源战略管理[M]. 北京：清华大学出版社，北京交通大学出版社，2010.

[11] 陈思明. 现代薪酬学[M]. 上海：立信会计出版社，2004.

[12] 文跃然. 薪酬管理[M]. 上海：复旦大学出版社，2005.

[14] 宝利嘉. 如何评估和考核员工绩效[M]. 北京：中国经济出版社，2001.

[15] 朱飞. 绩效管理与薪酬激励全程实务操作[M]. 广州：广州经济出版社，2006.

[16] 吴能全，许峰. 胜任能力模型设计与研究[M]. 北京：高等教育出版社，2003.

[17] 张德. 人力资源开发与管理[M]. 北京：清华大学出版社，2002.

[18] 吴小平. 如何提升员工满意度和员工敬业精神[M]. 北京：北京工业大学出版社，2004.

[19] 陈维政. 组织行为学高级教程[M]. 北京：高等教育出版社，2004.

[20] 常凯. 劳动关系学[M]. 北京：中国劳动社会保障出版社，2005.

[21] 王林生，范黎波. 跨国公司经营理论与战略[M]. 北京：对外经济贸易大学出版社，2004.

[21] 余建年. 跨文化人力资源管理[M]. 武汉：武汉大学出版社，2007.

[22] 赵曙明. 跨国公司人力资源管理[M]. 北京：中国人民大学出版社，2000.

[23] 孙宗虎. 人力资源规范化管理工具箱[M]. 北京：人民邮电出版社，2008.

[23] 赵曙明. 绩效管理与评价[M]. 北京：高等教育出版社，2004.

[24] 秦百玲. 培训游戏大全[M]. 北京：企业管理出版社，2002.

[25] 付亚和，许玉林. 绩效管理[M]. 上海：复旦大学出版社，2003.

[26] 陈晓萍. 跨文化人力资源管理[M]. 北京：清华大学出版社，2005.

[27] 马春光. 国际企业跨文化管理[M]. 北京：对外经济贸易大学出版社．2004.

[28] 刘桂萍. 中小企业人力资源管理五日通[M]. 北京：经济科学出版社，2007.

[29] 葛玉辉. 人力资源管理[M]. 北京．清华大学出版社，2013.

[30] 肖霞. 企业人力资源管理现代化研究[M]. 北京：经济管理出版社，2006

[31] [美] 乔治·米尔科维奇等. 薪酬管理[M]. 北京：中国人民大学出版社，2001.

[32] [英] 约翰·布里顿，杰弗里·高德. 人力资源管理——理论与实践[M]. 北京：经济管理出版社，2005.

[33] [美] 雷蒙德·诺伊. 雇员培训与开发[M]. 北京：中国人民大学出版社，2007.

[34] [美] 劳伦斯·彼得；艾柯译. 金科玉律[M]. 北京：机械工业出版社，2004.